煩惱リセット稽古帖 小池龍之介
BONNOU RESET KEIKOCHO
Copyright © 2009 by Ryunosuke Koike
Original Japanese edition published by Discover 21, Inc., Tokyo, Japan
Korean edition is published by arrangement with Discover 21, Inc. through BC Agency.

이 도서의 국립중앙도서관 출판시도서목록(CIP)은 서지정보유통지원시스템 홈페이지(http://seoji.nl.go.kr)와 국
가자료공동목록시스템(http://www.nl.go.kr/kolisnet)에서 이용하실 수 있습니다.
(CIP제어번호: CIP2015014113)

Reset

번뇌 리셋 연습장

코이케 류노스케 글·그림
김대환 옮김

잇북
it BOOK

이 책을 읽다 보면 마치 심리학 책 같다고 생각할 수도 있습니다. 맞습니다. 불교는 단순한 종교라기보다는 부처님께서 통찰하신 심리학이라 할 수 있습니다. 복잡한 현대 사회를 사는 우리들에게 진정으로 도움이 되는 정신력 강화 훈련 방법입니다.

이 책은 크레파스와 색연필을 이용해 네 컷 만화를 그리면서 불교적 심리 분석의 진수를 설법하고자 했습니다. 문장을 읽지 않고 네 컷 만화만 보면서 마음 편히 페이지를 넘기셔도 됩니다.

네 컷 만화만 가볍게 훌훌 건너뛰면서 읽다가 문득 깨닫고 나면 인간의 마음에 대한 개념이 잡히기도 하고, 마음속에 소용돌이치고 있는 번뇌가 한결 가벼워지기도 하는 장치를 마련하려고 노력했습니다. 아무 생각 없이 손에 들고 읽는 동안 때 묻은 번뇌를 리셋하는 연습이 될지도 모릅니다.

코이케 류노스케 합장

캐릭터 소개

동자스님

참새 짹짹이

꼬마 아가씨

야옹이

꼬마 구름

곰돌이

환멸 선생

속물군

조언자

번뇌와 마음의 프로세스

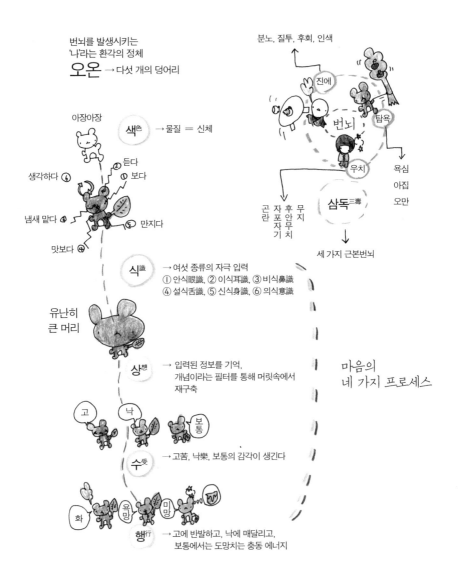

번뇌를 발생시키는
'나'라는 환각의 정체

오온 → 다섯 개의 덩어리

분노, 질투, 후회, 인색

진에

번뇌

탐욕

욕심
아집
오만

우치

삼독=毒

곤 자 후 무
란 포 안 지
　 자 무 우
　 기 치 치

세 가지 근본번뇌

아장아장

색色 → 물질 = 신체

② 듣다
① 보다
생각하다 ⑥
냄새 맡다 ④
⑤ 만지다
맛보다 ③

식識 → 여섯 종류의 자극 입력
① 안식眼識, ② 이식耳識, ③ 비식鼻識
④ 설식舌識, ⑤ 신식身識, ⑥ 의식意識

유난히
큰 머리

마음의
네 가지 프로세스

상想 → 입력된 정보를 기억,
개념이라는 필터를 통해 머릿속에서
재구축

고

낙

보통

수受 → 고苦, 낙樂, 보통의 감각이 생긴다

화

욕망

망

행行 → 고에 반발하고, 낙에 매달리고,
보통에서는 도망치는 충동 에너지

번뇌 리셋 레시피

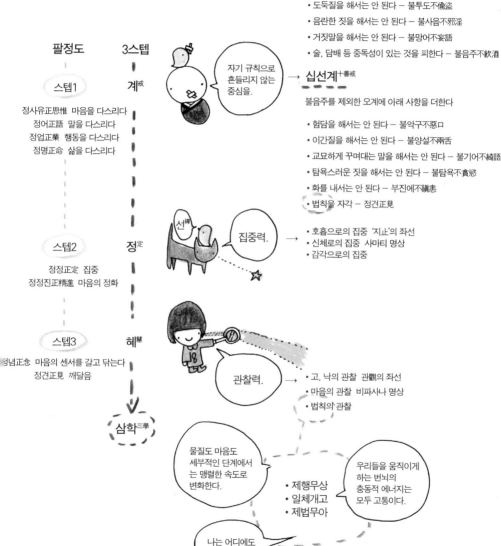

오계五戒

- 살아있는 것을 죽여서는 안된다 – 불살생不殺生
- 도둑질을 해서는 안 된다 – 불투도不偸盜
- 음란한 짓을 해서는 안 된다 – 불사음不邪淫
- 거짓말을 해서는 안 된다 – 불망어不妄語
- 술, 담배 등 중독성이 있는 것을 피한다 – 불음주不飮酒

십선계十善戒

불음주를 제외한 오계에 아래 사항을 더한다

- 험담을 해서는 안 된다 – 불악구不惡口
- 이간질을 해서는 안 된다 – 불양설不兩舌
- 교묘하게 꾸며대는 말을 해서는 안 된다 – 불기어不綺語
- 탐욕스러운 짓을 해서는 안 된다 – 불탐욕不貪慾
- 화를 내서는 안 된다 – 부진에不瞋恚
- 법칙을 자각 – 정견正見

팔정도

3스텝

스텝1

계戒

정사유正思惟 마음을 다스리다
정어正語 말을 다스리다
정업正業 행동을 다스리다
정명正命 삶을 다스리다

자기 규칙으로 흔들리지 않는 중심.

집중력.

- 호흡으로의 집중 '지止'의 좌선
- 신체로의 집중 사마티 명상
- 감각으로의 집중

스텝2

정定

정정正定 집중
정정진正精進 마음의 정화

선禪

스텝3

혜慧

정념正念 마음의 센서를 갈고 닦는다
정견正見 깨달음

관찰력.

- 고, 낙의 관찰 관觀의 좌선
- 마음의 관찰 비파사나 명상
- 법칙의 관찰

삼학三學

물질도 마음도 세부적인 단계에서는 맹렬한 속도로 변화한다.

- 제행무상
- 일체개고
- 제법무아

우리들을 움직이게 하는 번뇌의 충동적 에너지는 모두 고통이다.

나는 어디에도 존재하지 않는 환각이다.

삼상三相

제 1 장

번뇌 수업

업과 번뇌

번뇌에 대한 네 컷 만화 설법에 들어가기 전에 업業(카르마)에 대해 간단히 설명하겠습니다.

업이란 '마음속에 쌓인 에너지'를 말합니다. 생명체는 이 업의 에너지를 사용하여 몸을 움직이거나 말을 합니다. 마음속에서 무언가를 생각할 때도 이 업의 에너지가 사용됩니다.

그리고 이 에너지는 우리가 그것을 사용하여 생각하거나 말하거나 행동할 때마다 계속해서 새롭게 생깁니다.

예를 들어 음악을 듣고 나면 마음속에 한동안 여운이 남으시죠? 이 여운이 새로운 업의 에너지입니다. 또 남에게 불쾌한 말을 했을 때도 역시 마음속에는 개운치 않은 뒷맛이 오랫동안 남습니다.

혹은 머릿속에서 부정적인 생각을 한번 하기 시작하면 그 부정적인

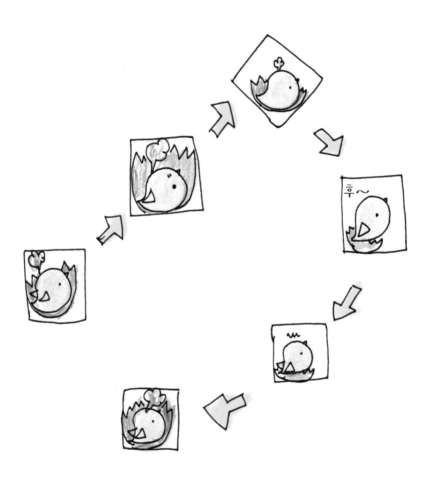

생각이 금세 사라지지 않고 한참 동안 영향을 미칠 것입니다. 부정적인 업이 마음속에서 활성화되고 있으면 긍정적인 말을 하려고 해도 그만 부정적인 말투가 되어버리곤 합니다.

이것은 부정적인 업이 어떤 결과를 낳았고, 그 결과에 따른 응보를 받았다는 말입니다. 게다가 그렇게 부정적인 말을 입에 담음으로써 또다시 새로운 부정적인 업을 쌓게 됩니다.

모든 행위에는 각각의 행위마다 잠재 에너지가 있습니다. 그 에너지가 마음에 반응해 다음 행위에 연쇄적으로 영향을 주는 힘을 갖고 있습니다.

좀 더 쉽게 말씀드리면 어떤 행위든 그 행위만으로 끝나는 경우가 없고, 잔존 여력이라든가 여파, 파문(오라^{aura}) 등으로 표현할 수 있는 것을 갖고 있습니다. 달리는 열차가 급브레이크를 밟아도 바로 서지 못하고 그 여파로 흔들리는 것과 같습니다.

이를테면 누군가를 질투하는 부정적인 번뇌 에너지를 만들 때 거기에 작용하고 있는 것은 타인의 성공을 거부하려고 하는 진에瞋恚(십악十惡의 하나. 자기 뜻이 어그러지는 것을 노여워함)의 업입니다. 그 에너지는 일단 생기고 나면 그대로 사라지는 일이 절대로 없고, 잠재의식에 찰싹 달라붙어서 쌓이게 됩니다.

그러면 그만큼 그 이후로 질투가 더 심해져서 쉽게 괴로워하는 성격이 들러붙을 뿐만 아니라 무언가를 거부하여 불쾌감을 느끼면 그만큼 진에의 에너지가 늘어납니다. 그러면 또 타인의 사소한 말에도 쉽게 상처를 받거나 남의 조언을 순순히 받아들이지 못하고 짜증을 잘 내는 사람이 됩니다.

이러한 업의 번뇌 에너지는 과거로부터 쭉 연쇄하면서 우리의 마음을 조금씩 변화시킵니다. 그리고 업이 너무 많이 모이면 그것에 반응한 음陰의 파동(오라)을 발산하게 됩니다. 그러면 그것이 주위 사람들을 긴장시키거나 반감을 갖게 합니다.

또 마음이 초조하여 불쾌감에 휩싸이면 체내에 유독물질이 생성되어 온몸을 돌아다니기 시작합니다. 요즘 말로 설명하자면 노르아드레날린(스트레스 호르몬의 일종)이나 요산(포유류의 오줌에 들어 있는 유기산)과 같은 유해물질이 과잉 분비되어 장기에 손상을 입힌다든가, 가슴이나 배, 머리 등에 통증을 일으킵니다.

이것이 "마음은 물질을 만든다."고 말하는 연유입니다. 마음이 어떤 특정한 상태가 되면 반드시 그에 상응한 생화학적인 물질이 몸속에 만들어져서 몸에 생화학적인 반응을 계속해서 일으킵니다.

그리고 심신이 모두 불쾌한 상태에 놓이면 매사에 더 쉽게 짜증을 내게 되는 회로가 서서히 장착되어버립니다.

무엇을 생각하는가, 어떻게 느끼는가, 어떻게 반응하는가는 이처럼 과거로부터 무한대로 쌓여온 사소한 업이 쌓이고 쌓여서 만들어낸 복합체에 의해 거의 정해진다고 할 수 있습니다.

맑게 갠 날 '아, 맑게 갠 날이 싫다.'고 느끼는 그 감정의 배경에는 과거 무한대로 축적된 진에의 업이 있습니다. 그 업이 갑자기 튀어나온 결과 '아, 맑게 갠 날이 싫다.'고 느끼게 되는 것입니다.

똑같이 '맑게 갠 날'이 다른 업을 배경으로 하고 있는 사람에게는 '아, 날이 맑으니 상쾌하고 기분 좋다.'가 될 수도 있을 것이고, 또 똑같이 상쾌하게 느끼는 사람이라도 모두가 다 같은 상쾌함을 느끼는 것은 아닙니다. 상쾌함을 그냥 잠깐 느낀 사람도 있을 수 있고, 울고 싶을 정도로 감동한 사람도 있을지 모릅니다.

이처럼 우리를 뒤에서 조종하고 있는 잠재된 힘, 그것이 바로 업입니다. 그리고 업 중에서 음의 업을 만드는 것 중 가장 강력한 것이 번뇌 중의 근본번뇌인 탐욕·진에·우치愚癡입니다.

근본번뇌 삼독

　탐욕·진에·우치, 이 세 가지는 마음을 오염시키고 스트레스의 원인
이 된다는 이유로 불교에서는 삼독三毒이라 부르고 있습니다.

　번뇌는 수없이 많지만 모든 번뇌가 이 탐욕·진에·우치, 바꿔 말하
면 욕망이라든가 혐오감이라든가 미망이라는 삼독이 서로 얽히고 설켜
서 발생합니다. 그런 이유로 삼독을 근본번뇌라 이름 지을 수 있는 것입
니다.

　번뇌란 걱정이나 고민으로 괴로워한다는 뜻으로도 풀 수 있는데, 우
리의 심신을 상하게 하고 스트레스의 원인이 되는 독소입니다. 욕망이
없으면 분발할 수 없지 않느냐고 생각하십니까? 아니요. 욕망과 의욕은
별개입니다. 욕망이나 화의 번뇌 에너지를 연료로 삼아 무리하게 분발
하면 아드레날린이 신체를 자극합니다. 아드레날린의 과잉 분비는 심한
스트레스를 남겨서 몸과 마음을 녹초로 만듭니다.

번뇌란 모두 마음이 머리에서 만들어내는 환상 같은 것입니다. 즉, 번뇌는 현실의 눈앞에 있는 것에서 느끼는 리얼한 감각을 떠나 머릿속에서 욕망·분노·미망을 빙글빙글 회전시키는 뇌 내 자위와 같다고도 할 수 있습니다.

번뇌야말로 리얼한 현실이라고 생각하시겠지만 실제로는 번뇌가 외부에서 들어온 정보를 왜곡하여 우리를 현실로부터 멀어지게 하고 머릿속 이야기에 은둔하게 만듭니다.

사람이면 누구나 자신의 머릿속에 은둔하여 번뇌에 젖는 것을 매우 좋아합니다. 그러나 타인의 뇌 내 은둔, 즉 타인의 번뇌는 몹시 싫어합니다.

다시 말해서 타인이 욕심을 부려 자신에게 뭔가를 과도하게 요구하거나, 화를 내며 질책한다거나, 혹은 같이 있어도 '미망'에 사로잡혀서 마음이 다른 데 가 있는 탓에 자기 말을 들어주지 않는다거나 하면 누구나 화가 납니다. 즉, '화'의 번뇌가 자극되는 것입니다.

이 단순한 진실을 깨닫고 뇌 내 은둔에서 탈출할 수 있다면 대인 관계에서 문제가 생기는 경우를 완전히 없앨 수 있습니다.

삼독과 회전·반발·인력 에너지

삼독 중에서 근본이 되는 번뇌 에너지는 우치입니다. 눈앞의 현실이 괴롭다고 해서 집중하지 못하고 머릿속 이야기로 도피하려고 방황하는 힘입니다. 이 도피의 번뇌 에너지는 머릿속에서 계속 빙글빙글 회전하는 망상의 회전 에너지라고도 할 수 있는데, 이 회전 에너지를 바탕으로 하여 나머지 두 개의 번뇌, 즉 진에 또는 탐욕의 에너지가 발생합니다.

우치가 회전력인 것에 대해 화(진에)는 불쾌한 대상을 밀어내고 배제하려고 하는 반발력의 에너지입니다. 욕망(탐욕)은 자기한테 쾌감을 주는 것을 '더, 좀 더' 끌어당기려고 하는 인력引力의 에너지입니다.

그러므로 한 마디로 화라고 해도 일상적으로 쓰는 말인 소위 "화났어!"와 같은 말보다 훨씬 넓은 의미를 갖는 것이라고 생각해주십시오. 마음속에서 조금이라도 밀어내려고 하는 반발력이 작용하고 있다면 그

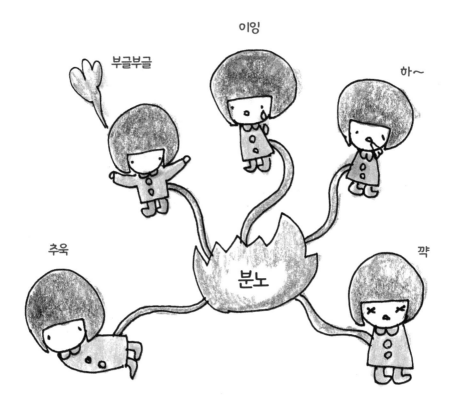

깃은 '화'라는 것입니다.

 '오늘은 일하러 가기가 우울해.'라고 부정적인 생각을 한 것만으로도 그 반발력이 화의 어두운 번뇌 에너지를 증폭시켜서 이후의 마음에 악영향을 미치는 스트레스의 씨앗을 남깁니다. '날 아무도 상대해주지 않으니 외롭구나.' '어제는 실패한 날이야, 아아.' 등등의 부정적인 사고는 모두 어두운 화의 번뇌 에너지를 연료로 삼아 끓어오르는 것입니다.

 선 명상禪瞑想으로 마음을 관찰하다 보면 알 수 있는 것은 소위 '화내는' 것도 '샘내는' 것도 '인색한' 것도 '후회하는' 것도 '슬퍼하는' 것도 '외로워하는' 것도 '불안'도, 뿌리는 하나 화의 번뇌 에너지를 연료로 삼아 생기는 충동이라는 것입니다.

 이러한 사고思考가 일어날 때는 얼핏 서로가 다른 사고로 보여도 무언가에 대해 '싫다, 싫어.'라고 반발하는, 같은 종류의 에너지가 작용하고 있다는 것을 알 수 있습니다.

 그리고 이러한 음의 감정에 휩쓸릴 때마다 화의 번뇌 에너지의 총량이 늘어나기 때문에 그 후로는 그 연료를 사용하여 부정적인 사고에 빠지기 쉬운 인격이 형성되는 것입니다. 필히 주의해야 합니다!

 우치의 번뇌 에너지는 집중력이나 몰두력沒頭力을 파괴하기 때문에 폐해를 파악하기가 쉽습니다. 탐욕의 번뇌 에너지도 강렬한 독소로 우리의 사고 회로를 왜곡시키기 때문에 그러한 폐해를 잘 이해하면 그것을 줄이는 동기를 가질 수 있을 것입니다. 번뇌의 때를 씻어내고 아름다운 인격을 닦읍시다.

카르마 협주곡

우리는 아무 생각 없이 멍하니 있는 것처럼 보여도 마음속에서는 뭔가를 남몰래 끊임없이 생각하고 있습니다. 잊은 척하고 있지만 그것은 뚜껑을 닫고 보지 않는 척하고 있을 뿐, 보이지 않는 마음속에서는 줄곧 생각하고 있습니다. 게다가 동시에 여러 가지를 생각하고 있기 때문에 이것은 마치 귀에 거슬리는 협주곡이 내내 머릿속에서 울리고 있는 것과 같은 상태입니다.

중요한 것은 그때그때 해야 할 일을 순서를 정해 해나가야 한다는 것입니다. 우선은 '지금 해야 할 일'을 해결하고 나서 '다음에 해야 할 일'로 순서에 맞춰 확실하게 의식을 옮기는 것입니다.

그런데 '귀찮다.'고 진에=반발의 번뇌에 사로잡혀서 해야 할 일을 하지 않고 '하고 싶은 일'만 하고 있으면 마음 한편에서는 '하지 않으면 안 되는데.'라는 생각이 계속 들면서 스트레스가 더욱 심해집니다.

그렇다면 '자기가 하고 싶은 일을 하라.'고 가르친 학교 교육은 우리에게 스트레스를 쌓아놓고 '안절부절 못하는' 방법을 가르쳐준 것이나 마찬가지라고 할 수 있습니다.

어쨌든 '지금 해야 할 일을 하지 않는' 것은 심한 스트레스인데, 욕심이나 화의 업에 사로잡힌 옳지 못한 행동 역시 그 행동이 마음으로 피드백되어 마음을 물들여버리기 때문에 잠재의식 속에서는 그 잘못된 행동을 끊임없이 생각하게 됩니다.

즉, 자신은 모르는 곳에서 강렬한 스트레스의 원인이 끊임없이 자라나서 그 음의 파동에 의해 좋지 못한 일들도 일어난다는 이치입니다.

악을 행하면 스트레스가 생긴다.

먼 옛날에 저지른 악에 의해서도, 먼 곳에서 저지른 악에 의해서도 스트레스가 생긴다.

남몰래 은밀히 저지른 악에 의해서도 스트레스가 생긴다.

악의 결과가 나오기 때문에 스트레스가 생긴다.

《자설경自說經》 28장 34번

좋아하는 것과 싫어하는 것으로 꾸민 프로필

우리는 자기소개를 할 때나 웹사이트의 프로필 란을 쓸 때 종종 "좋아하는 것은 ○○과 ○○이고, 싫어하는 것은 ○○과 ○○입니다."와 같이 씁니다. 이처럼 '좋아하는 것'이나 '싫어하는 것'을 마구잡이로 늘어놓는 것은 탐욕과 진에의 업을 남들 앞에 드러내 보이는 것과 같기 때문에 결코 아름다운 모습은 아닙니다.

　어차피 좋다거나 싫다는 것은 과거로부터 쌓여온 업의 에너지에 의해 탐욕이나 진에가 콕콕 자극받아서 생긴 감정일 뿐입니다. '좋다, 싫다'='자신'이라는 표현 방법은 큰 잘못입니다.

넘어지기 좋아하기

'사람의 마음은 에너지(업)를 증대시키려고 늘 욕심을 부린다.' 이것이 불교의 기본적인 생각입니다. 물론 업에는 선업(긍정적인 마음의 힘)과 악업(부정적인 마음의 힘)이 있습니다만, 긍정적인 마음의 힘을 만드는 것은 매우 어렵고 성가신 일이기에 그냥 내버려두면 사람은 아무래도 부정적인, 즉 불만이나 불행이라는 마음의 힘에 의해 업을 증대시키려고 합니다.

그렇기 때문에 사람은 쉽게 화를 내고, 쉽게 무언가에 불평을 하고, 실패할 때나 자학할 때조차 기분 좋은 것을 찾아내려고 하는 생물인 것입니다.

그러나 그렇게 기분 좋은 것은 스스로를 불행으로 몰아넣기 때문에 조금이라도 빨리 거기에서 벗어나는 것이 좋습니다.

불교에서 말하는 '선악'의 정의와 속세에서 말하는 '선악'의 정의가 다릅니다만, 이처럼 부정적이고 불행한 마음이야말로 불교에서 '악'이라 부르는 것입니다.

그럼 반대로 불교에서 말하는 '선'이란 자기 마음에 '욕망·분노·미망'의 번뇌 에너지가 기능하지 못하도록 하고 긍정적인 마음을 만드는 것입니다. 그것을 염두에 두고 《법구경》에서 인용해보겠습니다.

선을 행하는 데 주저하지 말라.

선을 행하는 데 주저하면 마음은 악을 즐기게 된다.

《법구경》 116절

업의 눈금

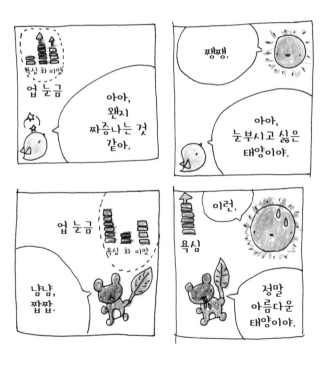

친구가 사업에 성공하거나 연애를 하며 행복해하는 모습을 보고도 화의 업의 눈금이 올라가 있는 사람은 자기도 모르게 '쳇, 저렇게 못난 놈이······.' 따위로 시샘하고 맙니다. 질투가 스트레스로 바뀐다는 것은 누구나 아는 일이라, 실은 그러고 싶지 않은데도 말입니다.

　이처럼 우리의 감정은 업의 눈금에 의해 좌우되고 있습니다. 질투가 화의 눈금을 더욱 상승시키면 그 화가 이번에는 멋대로 자신을 공격하기 시작하여 '나에겐 매력도, 능력도 없을지 몰라······.' 하고 불안에 사로잡히게 합니다. 이리하여 업의 눈금은 더욱 올라갈 뿐이고······.

업이 늘어나는 방법

흔히 '스트레스 해소'라든가 '근심 풀기' 따위로 말합니다만, 그런 속세적인 발상은 오히려 역효과를 불러옵니다.

예를 들어 짜증이 날 때 타인에게 푸념이라도 늘어놓으면 일시적으로 스트레스가 해소된 듯한 기분이 듭니다. 그러나 그것은 자극을 바라는 마음의 속임수에 넘어간 것일 뿐입니다. 실제로 푸념이나 불평을 하면 화의 업이 자극되어 마음에 강하게 들러붙게 됩니다. 그렇게 화의 눈금이 올라가면 스스로도 이유를 모른 채 쉽게 불안해진다거나 짜증을 내게 됩니다. 다시 말해서 스트레스가 해소되기는커녕 쓸데없는 스트레스가 늘어나는 셈입니다.

즉, 일반적인 연료는 쓰면 줄어들지만 업의 번뇌 에너지는 쓰면 쓸수록 늘어납니다.

한번 짜증이라는 기분에 사로잡히게 되면 마음에 짜증 회로가 강력하게 들러붙어서 습관이 되고, 화의 번뇌 에너지가 늘어납니다. 즉, 어둡고 화를 잘 내는 성격이 된다는 말입니다. 욕망에 휩쓸리면 역시 '욕망'의 번뇌 에너지가 마음에 강하게 들러붙어서 습관이 되고, 욕심이 과한 성격이 된다는 뜻입니다.

화를 내든, 우울해하든, 시샘을 하든 번뇌 에너지 중에서 '진에' 게이지^{gauge}를 소비할 필요가 있고, 욕망에 사로잡혀도 '탐욕' 게이지를 소비할 필요가 있습니다. 예를 들어 1포인트 정도의 게이지를 소비하면 2포인트 정도가 환원되어 결과적으로 1포인트가 늘어나는 식입니다.

욕심을 부리면 욕심의 연료가 더 늘어나고, 한번 불쾌한 기분에 사로잡히면 불쾌해지기 위한 연료가 더 늘어납니다. 그럼 어떻게 하면 될까요? 그것은 다음 페이지에서 말씀드리겠습니다.

완전 연소

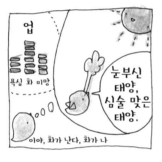

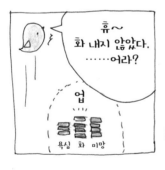

앞 페이지에서 말씀드린 업이 자동으로 늘어나는 구조에 휩쓸리지 않기 위해서는 자신의 부정적인 감정을 스스로 잘라내야 합니다. 그렇습니다. 마치 객석에서 남의 일을 관찰하듯이 감정을 개입시키지 않고 객관화해버리는 것입니다. 그렇게 하기 위한 구체적인 수법인 '염念(마음을 고요히 가라앉히고 어떠한 것을 떠올린다는 뜻으로 집중, 주시, 알아차림 등으로 해석)'의 초보적인 방법에 대해 설명해드리겠습니다.

어느 날 아침식사를 마치고 수첩을 펼쳤더니 스케줄이 빼곡하게 차 있다고 가정해봅시다. 수첩을 보면서 '내 시간이 전혀 없구나.' 하고 우울해질지도 모릅니다. 또 이대로 평생 시간에 쫓기면서 허무하게 사는 건 아닐까 하고 무의미한 불안이 뇌리에서 끊임없이 일어날지도 모릅니다.

이러한 음의 감정을 뒤에서 조종하고 있는 것이 화의 업입니다. 그러한 것에 말려들지 않으려고 '불안해지면 안 돼!'라고 생각해봐야 소용없습니다. 자기 자신의 감정을 억누르려고 해봐야 더욱 불안해질 뿐이니까요.

'불안해지면 안 돼.'라고 부정하는 것이 아니라 자기 자신이 불안해져 있는 상태를 인정하는 것. 그러기 위해서는 차라리 "불안, 불안, 불안······."이라고 반복해서 중얼거려보는 것입니다.

그러면 '아, 나는 불안해져서 나를 스스로 괴롭히고 있었구나.'라고 마음이 객관적으로 이해해줍니다. 그리고 비로소 마음이 그 상태를 정말로 고쳐야 한다고 학습하여 자연스럽게 불안을 해소해줍니다. 또 "불안, 불안, 불안."이라고 중얼거리기보다 좀 더 엄밀하게는 이 불안은 화의 업이 배경에 있다는 것을 이해하면서 "화, 화, 화, 화."라고 중얼거리는 것이 더욱 효과적입니다.

이처럼 부정적인 업을 말로 객관화해버리면 아무리 불쾌한 감정도 태워 없앨 수 있습니다. 업을 태워 없애고 분노의 눈금도 쑥 내려버리는 것입니다.

사서 의심

누구에게나 이런 경험은 반드시 있을 것입니다. 나쁜 짓이라곤 전혀 하지 않았는데 '어쩌면 의심받을지도 몰라.'라는 생각에 흠칫거리면서 의심받지 않으려고 손을 쓰려는 장면을 남이 보고 "너무 수상해."라고 도리어 의심하는 장면.

불교적으로 말하면 흠칫거리고 있는 것은 화의 번뇌 에너지에 의한 것이므로 마이너스의 결과를 초래하게 되어 있다는 이야기입니다.

이럴 때는 그냥 당당하게 있는 것이 최선이라고 할 수 있습니다.

세력 지도

수년 전 어느 날의 일입니다. 나는 좋아하는 군밤을 사서 카페에 들어 갔습니다. 어느 날이라고 말했습니다만, 나는 카페에 들어가 마실 것을 주문하고 사온 군밤을 주인 몰래 먹는 짓을 상습적으로 벌이던 상습범 이었습니다. 밤에 집착하던 파계승을 마음껏 경멸해주십시오.

　당시 겉으로는 아무렇지도 않았습니다. 그랬기에 상습범이었다는 것 입니다.

　그러나 실제로는 '맛있다, 정말 맛있어.'라고 생각하면서 군밤을 먹으 며 좋아했고, 한편으로는 카페 종업원에게 들키지 않으려고 몰래 숨겨 가며 먹던 겁쟁이였습니다. 그 일그러진 감정 탓에 마음이 나도 모르게 움츠러들고…… '들키는 것'을 거부하고 반발하는 어두운 화의 번뇌 에 너지가 꿈틀거리고 있던 것은 부정할 수 없습니다.

　실제로는 '감추는 것'에 너무 신경 쓴 나머지 맛 같은 것은 전혀 느낄 수 없었다고도 할 수 있습니다. '감추고 싶은 것'은 모두 마음에 심한 스트레스를 불러일으킵니다. 이것이 부정적인 화의 업이 갖는 위력입 니다.

　규칙에 어긋나는 그릇된 행위나 마음에 걸리는 일을 하면 죄악감 따위는 없을 것이라고 생각해도 그것은 표면의식에서 느끼지 못할 뿐이지 잠재의식에서는 자기도 모르는 사이에 벌을 받지 않을까 걱정한다든가, 하지 말았어야 했는데 등등의 기분 나쁜 생각을 끊임없이 하게 됩니다. 그 에너지는 훗날 두고두고 우리 자신에게 악영향을 줍니다.

그런데 여전히 '군밤을 들고 카페에 들어가던 짓'을 일삼고 있던 어느날, 동네 카페에서 군밤을 먹고 있는데 우연히 거기서 손아래 친구를 만났습니다. 부끄러워하면서 군밤을 나눠주고 서로 멋쩍은 웃음을 지었던 것은 지금 생각해보면 그리운 추억입니다.

~해야 해

뭐야, 이 멀건 된장국은!

좀 더 맛있게 끓여달라, 이 말씀이군.

음, 뭐, 그렇지.

맛있게 끓여주지 않아서 상처를 받았군요?

음...... 그게......

어쩌면 독자 여러분 중에 '선이나 도덕 따위에는 관심이 없다.'고 생각하고 계시는 분도 많으리라 생각합니다만, 대부분의 경우 그것은 거짓말입니다.

터무니없는 거짓말입니다.

실은 누구나 매일같이 남몰래 도덕을 지키며 살고 있습니다. 단지 자신을 아름다운 사람으로 성장시키기 위해서가 아니라 타인에게 강요하기 위해서.

우리는 자기도 모르는 사이에 상대방에게 "～해야 해."라고 말하며 의무를 강요합니다. 그리고 그 의무를 다하고 있지 않다고 여겨지는 상대를 비난합니다.

"당신이 날 사랑한다면 나라는 인간을 위해서 된장국을 좀 맛있게 끓여줘봐!"

이런 식으로 상대에게 설교하면서 화의 에너지를 늘리고 있습니다. 된장국이 미각신경에 주는 자극을 근거로 머릿속에서 불쾌감을 만들어내고, '나라는 인간'을 고스란히 드러낼 뿐인데도 말입니다.

설령 말로 표현하지 않더라도 마음속에서 그렇게 생각하고 있다면 마찬가지입니다.

즉, 우리가 누군가를 탓하고 있을 때라는 것이 실은 "나에게 좀 더 도덕적으로 대해줘."라고 말하고 있는 것과 같습니다. 그렇게 도덕 선생님이 되어버린 것입니다.

이것이 과연 학교에서 쓸데없는 도덕 교육을 받고 자란 탓이라고만 할 수 있을까요?

타인의 번뇌

우리가 화를 내든 불쾌해지든 슬퍼지든, 진에의 업을 증폭시키는 계기는 대개의 경우 타인의 욕망이나 악의에 대한 반작용이 아닐까요? 우리는 애초에 타인의 번뇌가 너무나 싫은 것입니다.

예를 들어 약속 시간에 늦은 상대가 지하철 사고 등으로 늦은 것이라면 동정할 수 있지만, 자기가 좋아하는 쇼핑을 하느라 늦었다면 그 사람이 자신보다 '욕망'을 우선시한 것에 대해 기분이 나쁠 것입니다.

혹은 같은 말을 듣더라도 말투에 따라서는 이를테면 "편의점 점원의 말투가 돼먹지 못했어." 따위로 말하며 화를 냅니다.

즉, 우리는 타인의 욕망이나 화와 같은 음의 감정에 대해 화를 내거나 실망하는 것이 좋아서 참을 수가 없는 것입니다. 다시 말해서 타인의 번뇌에 대해, 부정적인 불쾌감의 번뇌에 불을 붙여서 증폭시키는 것을 너무나 좋아한다고 할 수밖에 없습니다.

그런데 유감스럽게도(?) 상대를 혼내주고 싶어서 화를 냈건만 상대에겐 어떠한 손실도 입히지 못합니다. 화를 냄으로써 마음이 긴장하여 나쁜 업을 쌓아 손해를 보는 것은 다름 아닌 우리들 자신입니다.

미움을 진혀 소설하지 못하는 사람은

원수가 그리 하기를 바라는 대로 자신에게 해버리고 자멸한다.

넝쿨풀에 휘감겨 말라 죽는 사라나무처럼.

《법구경》 162절

기억에 화내는 시스템

뭔가 한 가지라도 기분 나쁜 일이 입력되면 그와 관련된 불쾌한 일들이 연이어 떠오르며 진에의 번뇌 에너지가 더욱 강력해진다는 시스템은 누구나 날마다 경험하는 일일 것이라 생각합니다.

진에의 번뇌 에너지

① 현재의 불쾌감 → ② '과거의 기억 1'을 첨가물로 더하는 것에 의해, 계절 한정, 불쾌감 50% 증가 → ③ '과거의 기억 2'를 첨가물로 더하는 것에 의해 불쾌감 120% 증가 → ④ 불쾌감 통제 불능

최초의 기분 나쁜 입력만이 단발로 끝나고 말면 그다지 화도 나지 않고 평화롭게 주고받을 수가 있었을 텐데 과거의 업이 피드백된 탓에 '그렇다면 그것도!' '그때도!' 하고 자동으로 기억이 되살아나서 별 것도 아닌 일에 크게 화를 내고 맙니다.

그러면 상대가 '이까짓 일로 왜 저렇게 화를 내지?'라고 깜짝 놀라는 것도 당연하겠죠.

다시 말해서 어쨌든 우리의 불쾌감이란 기억이 자극되어 벌어지는 기억 놀이에 지나지 않습니다. 과거에 만든 '마음의 매듭'이 우리의 의지

와는 상관없이 작동하는 것입니다.

　그러니 하다못해 지금부터라도 과한 탐욕이나 화의 업을 새롭게 만들지 않도록 스스로의 마음을 살피며 조절하는 것이 현명하다고 할 수 있습니다.

업 제어 다이어트

다이어트 중.

찰싹

음

스트레스는
식욕으로
이어지니까
조심해.

히히

벌꿀이다.
참자.
짜증 나.

안절부절

스트레스 해소.
곰같이 먹는 중.

꿀꺽 꿀꺽

욕망도 화도 미망도, 이 세상의 모든 번뇌는 마음에 부하를 주기 때문에 모두 '고苦(전세에 지은 나쁜 업 때문에 받는 몸과 마음의 괴로움)＝스트레스'가 됩니다.

우리는 스트레스 해소라는 명목으로 푸념을 하거나, 술을 마시고 취하거나, 과식을 하곤 하는데 그것은 새로운 번뇌에 지나지 않아서 표면상으로는 스트레스가 사라진 것처럼 보여도 실은 보이지 않는 곳(잠재의식)에서 다음 스트레스를 준비하고 있습니다.

즉, 소위 '스트레스 해소'란 '고＝스트레스' 위에 새로운 자극을 억지로 덧씌우는 것에 의해 스트레스를 억압하고 있는 것에 지나지 않을 뿐입니다. 억압은 스트레스를 보이지 않는 어둠 속에 밀어 넣어 표면에서 보이지 않게 한 것일 뿐입니다. 따라서 스트레스는 해소되지 않고, 가라앉힌 불쾌한 에너지는 나중에 반드시 분출되어 강렬한 '고＝스트레스'를 불러일으킵니다. 그래서 업이라고 불리는 것입니다.

다시 말해서 스트레스의 요인이 되는 탐욕이나 화의 번뇌를 끊임없이 만들면서 그것에 의해 증폭시킨 식욕을 참으려고 하는 것은 도저히 무리라는 말입니다. 다이어트 자체가 새로운 스트레스의 요인이 되어서 쓸데없이 식욕만 늘어나는 것만큼 유감 천만한 일도 없습니다.

가장 좋은 것은 평소 화를 내지 않고, 불쾌해지지 않고, 비난하지 않고, 화의 업을 모아두지 않겠다고 마음먹고, 불필요하게 욕망의 업을 쌓지 않는 것입니다. 그렇게 하면 스트레스가 없어집니다.

또 자연스럽게 식욕에서 해방되어 다이어트를 하려고 특별히 노력하지 않아도 쉽게 성공합니다.

그렇게 생각하니 번뇌를 멀리하면서 업을 조절하는 불교는 다이어트에 최적인 종교라고도 할 수 있겠네요.

화의 오폭

화의 업이 잉태한 에너지는 오폭誤爆한다.

한때 나에게는 주위 사람들이나 세상을 비판만 하며 거만하게 굴던 시절이 있었습니다. 비판하고 공격하는 화의 업을 대량으로 축적함으로써 항상 두통과 위통에 시달렸던 일이 새삼 생각납니다.

당시의 내가 너무나도 강력한 화의 파동을 발산하고 있었기 때문이겠죠. 이제 와서 생각하면 타인의 화의 파동을 끌어내는 것이 나의 특기였습니다. 그러다 보니 처음 보는 사람이 느닷없이 적의를 드러내는 일이 1년에 몇 번씩이나 있었습니다.

그중에서도 기억에 남는 것은 이사를 마치고 아파트 관리인에게 인사하러 과자를 들고 찾아갔던 일입니다. "우리 집사람이 당뇨병을 앓고 있는데 과자를 갖고 오다니 죽일 생각이시오?" 그런 말을 하며 그는 문을 꽝 닫아버렸습니다.

돌아오면서 당시의 동거인한테 "당신은 가끔 남자들한테 무조건 미움을 받는 것 같아."라는 말을 들은 나는 "쳇, 사내란 것들 다 죽어버리면 좋겠어."라고 범죄자 같은 험악한 말을 입에 담기도 했습니다.

마음속에서 화의 어두운 에너지가 활성화되고 있으면 그럴 마음이 없어도 꼭 주위에 있는 사람이나 동물에게 순간적으로 전해져서 나쁜 영향을 주고 맙니다.

즉, 오폭하는 것입니다.

우리에게 잠재되어 있는 생물로서의 야생 본능이 주위의 생물이 어떤 파동을 발산하고 있는지를 매우 민감하게 포착하고 있기 때문입니다.

단지 포착한 어두운 에너지가 '자신을 향하고 있는지, 그렇지 않은지'라는 단계까지는 모릅니다. 그래서 '아, 어쨌든 어두운 파동이다!'라고 거부반응을 보이는 것이라고 여겨집니다.

그렇기 때문에 어두운 업의 에너지를 마음속에 잔뜩 쌓아놓고 있으면 자신은 상냥하게 대하고 있다고 생각하거나 스스로는 화가 나 있지 않다고 생각해도, 그 이면에 있는 어두운 에너지는 상대에게 그대로 전해져서 거부반응을 불러일으키는 것입니다.

그러한 오폭의 결과 타인이 멀어지기도 하고, 공격이나 비판을 당하기도 하고, 끝내는 따돌림을 당하거나 동물이 도망쳐버리는 결과를 초래하는 경우가 있습니다.

그러므로 중요한 것은 화의 업을 만들지 않는 것입니다. 그리고 쌓여 있는 어두운 에너지를 해소해가는 것입니다.

마음에 찔려서

불교에서 말하는 '악업惡業'이란 '죄악감이 드는 일을 생각한다 · 말한다 · 행한다'는 것입니다. 마음에 음의 자극을 받으면 그것이 음의 힘으로 쌓이고, 그렇게 쌓인 것을 악업이라고 합니다.

   악업을 쌓을수록 마음은 부정적인 방향으로 나아가고, 너무 많이 쌓이면 조절할 수 없게 되어서 자신이 생각하는 대로 행동할 수 없게 되기 때문에 '그러면 손해입니다, 그러지 않는 게 좋아요.'라는 것이 불교의 가르침이고, 그것이 '제악막작, 중선봉행, 자정기의, 시제불교'(〈칠불통계게七佛通戒偈〉)의 진정한 뜻이라 할 수 있습니다.

※

제악막작諸惡莫作 악한 일을 행하지 말고

중선봉행衆善奉行 선한 일을 두루 행하며

자정기의自淨其意 마음을 깨끗이 하라.

시제불교是諸佛教 이것이 부처님의 가르침이나니.

제2의 화살

비야,
내려라.

일기예보가
틀렸나
봐요.

믿었다가
비만 쫄딱 맞고……

기상
캐스터를
고소
해야겠어요.

비다, 비야.

굴사령
굴사령.

일기예보를 철석같이 믿은 것도 나, 비에 젖는 것을 즐기지 못하고 불쾌해진 것도 나, 일기예보가 틀린 것을 용납하지 못하는 좁은 마음도 내 속에서 비롯된 것입니다.

얼마 전에 있었던 일인데, 부정을 저지른 IT 기업에 주주가 큰 손해를 입었다며 손해배상을 청구한 것에 대해 법원에서 손해배상 지불 명령이 떨어졌다는 뉴스를 보았습니다.

그런데 말입니다, 주식을 구입한 것은 본인의 '욕심'에 근거한 판단입니다.

좀 더 건실해 보이는 업계의 주식을 산 것이 아니라 신흥 IT 기업의 주식을 선택한 시점에서 이익을 올릴 수 있다는 가능성이 크다는 것과 동시에 손실 위험도 크다는 것쯤은 마음 한구석에서 이미 이해하고 있었던 것은 아닐까요?

욕심에 판단력이 흐려져서 그 손실 위험까지 감수하며 주식에 손을 댄 것이니, 글쎄요, 막상 손실을 입었다고 시비를 건다는 것은 형편없는 졸장부나 하는 짓이겠죠.

손실을 입어서 쓰린 고통을 느끼는 것은 마음에 제1의 화살을 꽂는 것. 뿐만 아니라 회사가 경영을 잘못했다고 탓하며 비난하면 자기 마음에 제2의 화살을 꽂고 화의 번뇌 에너지만 더욱 쌓게 될 뿐입니다.

자신의 실패를 자기 자신이 저지른 '악업의 응보'로 받아들이고 교훈으로 삼는 사람에게는 희망이 있습니다. 반대로 자신의 실패를 남의 탓으로 돌리고 비난하는 사람은 그런 무책임한 태도로 인해 또 다른 악업을 쌓게 되기 때문에 성장은 물론 성공도 막연합니다.

설사 그 회사에서 손해배상으로 돈을 왕창 받아냈다고 해도 마음속에 악업이 잔뜩 쌓여 있다면 그 악업이 다음의 더 큰 실패를 야기할 우려가 있습니다.

악성 블로거

아아, 뭐 이렇게 맛없는 스테이크가 다 있어?

이 맛없는 걸 얼른 블로그에 쓰자.

야옹이의 블로그.

캣랜드의 고양이 스테이크는 너무 맛이 없어서 문을 닫는 게 나을 듯……

부글부글

우웩, 정말 너무 맛이 없어.

짜증 폭발

기분 나쁜 일이 벌어지면 불쾌해질 뿐만 아니라 '블로그'에 그 짜증스러움을 표현하고 싶어 하는 사람이 있는가 하면 오히려 그 상황을 즐기는 사람도 있습니다.

금세 불쾌해지는 사람은 마음속에 그전부터 이미 잠재적으로 짜증이 '업=연료'로 쌓여 있기 때문입니다. 즉, 그 사람은 평소에도 짜증을 잘 내고, 비참하고, 불만으로 가득 차 있습니다. 이처럼 공격성을 내뿜는 원인은 그 사람 자신의 비참함 때문이라고 생각할 수 있습니다. 화의 업이 많을수록 사람은 비참해집니다.

그런데 블로그를 통해 심기에 거슬리는 것을 일부러 콕 집어내어 공격했다고 해서 공격받은 대상이 좋은 방향으로 변화하는 일 따위는 절대로 없습니다.

그보다는 자신이 '멋지다.'고 생각한 것을 집어내어 그것이 멋지다는 것을 담담하게 말하는 것이 좋습니다. 좋은 점을 집어내어 높이 평가하고 그 평가가 확대되는 데 공헌할 수 있으면 결과적으로 세상에 존재하는 심기에 거슬리는 것의 세력이 약해질 테니까요.

이것이야말로 자신의 품성이나 미적 감각을 떨어뜨리지 않는, 대단히 간접적인 비판이 되지 않을까요?

혹시 지루한 영화를 보고 불쾌해져도 그 영화를 욕할 것이 아니라 더 좋은 작품을 소개하거나 혹은 직접 좋은 영화를 만들면 됩니다. 정부 정책에 시비를 걸 시간이 있으면 정부 정책을 뛰어넘는 훌륭한 정책을 만들어내는 데 시간을 쓰면 좋지 않겠습니까?

자신의 생각을 전부 털어놓고 시원해지는 것은 단기적인 착각에 지나지 않습니다. 불쾌한 체험을 블로그에 쓰는 것이 오히려 마음속에서 고통을 다시 반복하게끔 하고, 그렇게 반복한 만큼 화의 업이 심신에 들러붙고 고통이 축적됩니다. 자신의 품성을 떨어뜨림과 동시에 스스로를 피폐하게 만들 뿐입니다.

가상의 적과의 대화

가끔은 비가 오는 것도 기분이 좋아.

하지만 늘 비가 오는 건 싫어요.

응. 항상 비가 오면 홍수가 나서 괴롭지.

그래도 비가 좋은 점은 있어요.

지금까지 29년을 살아오면서 세상 사람들과 대화가 통하지 않는 원인은 대개 앞 페이지의 만화와 같은 경우가 아닌가 생각합니다. 학자들끼리 나누는 대담이든, 친구 사이의 대화든, 연인끼리든 마찬가지입니다.

　물론 양쪽 다 틀린 말을 하고 있는 것은 아닙니다. 그러나 상대가 말하고 있는 것을 자기 멋대로 '내 입장에서 보면 틀렸어.'라고 적으로 탈바꿈시키고 나서 반론하곤 하는 것입니다.

　구체적으로 말하면 "가끔은 비가 오는 것도 좋네요."라는 말에서 '가끔은'을 생략해버리고 '비가 오는 것도 좋네요.'라는 부분만을 클로즈업하면 "그런데 늘 비가 오는 건 어떨까 싶네요."라는 반론이 성립됩니다.

　그러면 실제로는 두 사람 다 거의 같은 의견인데도 왠지 의견 차이가 나는 듯한 환상이 생긴다는 환영 트릭입니다.

　멋대로 상대의 발언을 바꿔 만들어서 반드시 이길 수 있는 가상의 적을 만든다고나 할까요?

　왜 많은 사람들이 서로 딱히 틀린 말을 하고 있는 것도 아닌데 가상의 반론을 펴고 싶어 하는지 말씀드리자면 그것은 '난 당신과는 다른 훌륭한 의견을 갖고 있어!'라고 과시하며 기분이 좋아지고 싶다는, 번뇌의 농도 탓이라고 여겨집니다.

우리는 번뇌에 사로잡혀 있습니다.

상대를 부정함으로써 자신은 어딘가 다르다고 그 차이를 내 보이고 싶어 합니다. 다시 말해서 '난 다르다니까!'라며 폼을 잡고 싶어 하는 무서운 번뇌에 사로잡혀 있습니다.

이 번뇌야말로 의견에 매달리는 '견見'의 번뇌이며, 또한 자존심에 매달리는 '만慢'의 번뇌라는 것입니다. 이러한 것들 때문에 기분이 좋아지는 것은 잠깐이지만 그 악영향은 오랫동안 지속됩니다.

사실대로 말씀드리자면 상대방의 말을 듣지 않고 자신의 머릿속에서만 결론을 내렸을 때 이러한 어긋남이 일어납니다. 머릿속에서 대량의 첨가물을 더하여 가공해버리기 때문에 상대방의 말은 어느새 원래의 뜻과는 동떨어진, 자신의 스토리에 맞춘 '자신의 말'로 가공 제조되어버리는 것입니다.

하지만 이러한 '가상의 적과의 대화'는 대화가 아니라 단순한 뇌 내 자위라는 것. 창을 열고 바람이 잘 통하게 하면 머릿속 이야기에서 빠져나와 타인과 제대로 된 이야기를 나눌 수 있을 것입니다.

대리인 전투

상대방의 재미없는 이야기는 흘려듣고, 침묵합시다.

뭐?

뭐라고 반론하고 싶은데 승산이 없어.

동자스님의 대역을 만들어봤어.

처음뵙겠습니다

남의 이야기 따위 모조리 무시하고 침묵합시다.

탁

짝

안 돼!

앞 장의 '가상의 적과의 대화'를 다른 각도에서 그려보았습니다.

"재미없고 짜증나는 이야기는 흘려듣읍시다."라는 말에 '뭐야? 남의 말을 모조리 흘려듣다니 당치도 않아! 바보 같은 놈!'이라고 공격할 때 상대는 '재미없는 이야기'라고 한정해서 한 말이 본인의 머릿속에서 '남의 말은 모조리'라는 내용으로 바뀌어버렸습니다.

'남의 말을 모조리 흘려듣다니 당치도 않다.'는 점에 대해서는 필시 누구나 동의하실 테니 '흘려듣다'라는 것을 공격할 수는 있습니다.

문제는 실제로 여기서 무참하게 공격당하고 있는 것은 애초에 한 말이 아니라 공격하는 쪽이 머릿속에서 만들어낸 '대리인'이라는 것입니다.

공격하고 싶은 적을 실제로는 존재하지 않는, 공격하기 쉬운 대리인 으로 바꿔치기 한 다음에 두들겨 패고 있으니 무조건 이기게 되어 있는 승부인 셈입니다.

말하자면 정정당당하고 깨끗하게 승부에 임하지 못하는 겁쟁이인 탓에 무조건 이길 수 있는 승부로 조작한 것입니다.

여기서 실제로 공격받은 것은 상대가 아니라 가상의 대리인이지만 공격받은 쪽에서 보면 어디까지나 자신이 공격받은 것처럼 느끼기 때문에 불쾌해지는 것은 두 말할 필요가 없습니다.

　이리하여 실제로는 존재하지 않는 적끼리 가상의 대리인을 상대로 싸운다는, 아무런 성과가 없는 현상이 일어나는 것입니다. 참으로 무서운 일이지요.

몸이 지르는 비명

부정적인 생각에 골몰하고 있을 때 뇌는 기분이 좋아도 그것이 배나 가슴 같은 신체를 괴롭히고 있을지도 모릅니다.

　불교의 명상 중에서 가장 기본이 되는 것을 사념처四念處라고 합니다.

① 신체 관찰 → ② 기분, 감각 관찰 → ③ 마음 관찰 → ④ 법칙 관찰

　위의 네 가지 단계를 순서대로 궁구해가는 것입니다.

　즉, 처음엔 자신의 신체를 철저하게 관찰하는 것으로부터 시작됩니다.

　신체 감각을 관찰하는 데 숙련되면 마음이 어떤 반응을 할 때마다 신체의 특정한 부위에 반응이 일어나는 것을 민감하게 느낄 수 있게 됩니다. 군이 생화학 물질의 이름을 예로 들어 말하자면 '아, 지금 노르아드레날린이 나오는구나.' '도파민이 나오는구나.'와 같은 식이 되는 것입니다.

　거기까지는 가지 않더라도 우리에게는 가슴 쓰림이나 명치끝이 콕콕 찔리는 듯한 느낌, 목구멍이 꽉 막힌 것 같은 느낌, 관자놀이가 조이는 듯한 느낌을 비롯해 다양한 신체 반응이 있습니다.

이러한 신체 반응은 모두 음의 번뇌 에너지로 인해 생기는 '고'의 신호입니다. 그런데 많은 사람들은 언제부턴가 그 신호를 무시하는 것을 배웁니다.

예를 들면 누군가를 공격하고 비판할 때 실은 가슴이 쓰리고 괴로울지도 모르는데, 그 신체 반응을 무시하고 자신은 가치 있는 일을 하고 있기에 즐겁다는 식으로 착각해버리곤 합니다. 사실은 스스로에게 상처를 주고 있을 뿐인데도 말입니다.

자기의 배가, 가슴이, 목구멍이, 관자놀이가 지금 이 순간 어떤 느낌인지, 그것을 무시하지 않으면 그렇게 잘못된 방향으로는 가지 않을 수 있습니다.

대학 시절, 서양철학을 배우고 있던 나는 새로운 의문이 생겨 납득할 수 없는 일에 부딪힐 때마다 명치끝이 불쾌해지는 느낌을 받았는데, 그 느낌을 완전히 무시하고 공부만 계속했습니다.

그것이 바로 몸이 지르는 비명을 무시했던 것이구나, 하고 씁쓸한 생각이 떠오릅니다.

다른 세상 사람

아직까지도 채식주의자는 날채소만 먹어야 한다고 생각하는 사람이 있는지 채식주의자에게 "두부는 먹을 수 있지?" "무즙은 먹을 수 있니?" 따위로 기묘한 질문을 하는 풍경을 가끔 볼 수 있습니다.

하지만 그러한 몰이해에 대해 "쳇! 두부는 콩으로 만든 거니까 당연히 먹을 수 있죠."라고 일일이 이유를 들어가며 성질을 내는 것은 무의미할 뿐만 아니라 보기에도 좋지 않습니다.

우선 그런 채식주의자라 한들 필시 누군가 딴사람이 갖고 있는 '다른 세상'에 대해서는 엉뚱한 몰이해를 나타내곤 하니까요.

그러므로 "아아, 저 사람은 이해해주지 않아."와 같이 한탄하는 것은 어리석기 짝이 없는 짓입니다. '이렇게 나와 다른 세상은 이해하고 싶지 않아.'라는 생각을 상대방에게 갖게 하는 화의 번뇌에 근거한 완고함이 자기 쪽에 있는 것은 아닌가 체크해보는 것이 좋겠죠.

그리고 만약 자신의 내부에서 그처럼 저주스러운 것이 발견되었다면 끄집어내어 몸을 가볍게 하는 것이 올바른 생활 스타일이라고 할 수 있습니다.

제2절 **탐욕(욕망)**

욕망과 의욕

억만장자가 되고 싶다는 허황된 욕망이 있다면 그것을 실현하기 위해 의욕적으로 정신없이 일하면 되겠지만, 욕망은 갖고 있어도 그와 같이 열심히 노력할 수 있는 사람은 거의 없습니다.

'욕망'과 '의욕'은 완전히 다른 것입니다.

욕망이 강하면 강할수록 오히려 의욕은 감소합니다. 왜냐하면 '의욕'이라는 것은 '욕망'이라는 스트레스에 의해 소모되어버리는 것이기 때문입니다.

여기서 만약 마음에 저축해놓은 것 중에 과거에 쌓은 욕망이나 화가 없는 선업善業이 있다면 그 평온하고 안정된 마음의 저금을 사용하여 '의욕'을 만들어낼 수 있습니다. 그렇게 착한 에너지는 욕망이나 화가 아니라, 다시 말해서 좋고 싫고에 좌우되지 않고 해야 할 일에 집중함으로써 쌓을 수 있습니다.

즉, 욕망이나 화로 가득 차 있는데도 꾸준히 의욕적으로 일하며 성공한 것처럼 보이는 사람은 과거에 꽤 많은 선업을 저축해놓은 덕에 잘되고 있는 것입니다.

그것을 착각해서 '욕망 때문에 잘되고 있다.'는 식으로 생각하고 욕망을 더욱 확대시켜버리면 긴 안목으로 봤을 때 욕망의 어두운 에너지에 의해 스트레스가 축적되어 어렵게 쌓아놓은 선업이라는 저축을 다 써버리고 파멸이라는 사태를 초래하게 됩니다.

'꿀을 먹고 싶다!'고 머릿속의 욕망으로 생각할 필요는 없습니다. 곰돌이조차 꿀이 필요할 때는 단지 그 필요성에 맞춰 꿀을 찾아 숲으로 들어가서 실제로 찾아올 수 있으면 되니까요.

'이익'의 주문

손익 계산을 할 때는 사실 엄청난 에너지가 소모됩니다. 우리들에게는 여러 가지 틀에 박힌 선택지가 주어져 있습니다만, 그 선택지에서 무엇을 선택할지를 고민하는 것 자체가 마음에 큰 부담을 주게 됩니다.

　따라서 많은 선택지에서 '무엇을 선택해야 나한테 이익일까?'라는 욕망이 자극받으면서 갈등하는 정신은 자기도 모르는 사이에 많은 것을 잃어버리게 할 것입니다.

억압적 초자아

'좀 더 건강해져야 돼.' '돈을 더 많이 벌어서 행복해지자.' '더 인기가 있는 사람이 되어야 해.'와 같이 '좀 더 행복해지지 않으면 안 돼.'라는 메시지가 사회적인 초자아의 형태로 만연해 있는 것이 현대 사회를 사는 사람들에겐 진정한 '억압'입니다.

그 부채질에 말려들어 많은 사람들이 불필요한 욕망이라는 긴장감을 품게 되어 엄청난 스트레스에 시달리게 되는 것입니다.

스트레스는 욕망에 비례한다

욕망은 '스트레스로부터 도망치고 싶다.'는 우리의 무의식적인 반응에 의해 생깁니다. 욕망의 원재료는 스트레스＝고^苦입니다. 우리를 욕망으로 몰고 가는 드라이빙 파워는 스트레스입니다.

　엄청난 욕심이나 바람은 채워지지 않기 때문에 스트레스가 쌓이고, 그 스트레스가 원동력이 되어 가까운 곳에 있는 욕망으로 도피해버린다는 것입니다.

　스트레스가 쌓이면 쌓일수록 그것이 욕망으로 바뀔 가능성은 높아집니다. 그 에너지가 어떤 회로를 통해 배출구를 찾는지가 사람마다 다를 뿐입니다.

　그러므로 많이 먹는다, 술에 의지한다, 도박에 빠진다, 연인에게 모든 것을 기댄다, 엉뚱한 화풀이를 한다, 등등……. 어느 것이나 공통적인 것은 쉽고, 게다가 스스로를 망치는 것들뿐이라는 점입니다.

　고로 자신에게 폐를 끼치지 않기 위해서라도, 주위 사람들에게 폐를 끼치지 않기 위해서라도, 자신의 스트레스를 줄이는 것이 우리의 의무가 아닐까요?

'괴로움 속에 계속 머무는 것은 악'입니다.

의심병

혹시 그가
내 얼굴이 목표인
건 아니겠지?

성형해서 이상한
얼굴로
만들어봤어.

그…… 그래도
좋아.

혹시 단지
여자의 몸이
목표인가?

음

성전환
해봤어.

어이쿠야

연예인이나 예술가 등 세상에서 유명해진 사람들은 때로는 지나치게 생각이 많습니다.

　'내 애인은 단지 내가 유명하기 때문에 나와 사귀는 게 아닐까?'라고 말이죠. 그리고 굳이 자신을 숨기면서 자신을 모르는 사람과 사귀고 싶다는 식의 말도 이따금 듣습니다.

　하지만 사실 연예인에 국한되지 않고 누구든 그런 식으로 의심하기 시작하면 끝이 없지 않을까요?

　'단지 내 돈이 목적이 아닐까?' '단지 내가 조건이 좋은 사람이기 때문이 아닐까?' '단지 이성이면 누구든 상관없이 몸뚱이가 목적인 것은 아닐까?' '단지 내 몸의 특정 부위만 보고 있는 건 아닐까?' 등등.

　문제는 그 마음의 이면에 있는 '진짜 나를 보란 말이야.'라는 꼴사나운 '자아'의 발버둥이라는 것입니다. 욕망의 번뇌 에너지가 타올라 자신을 녹초가 되도록 괴롭힌다고 말씀드릴 수 있습니다.

　이것이야말로 마음의 오염이자 악업입니다.

　그리고 그런 식으로 상대를 의심하는 것 자체가 자신의 마음을 부정석인 방향으로 몰고 가서 느낌이 좋지 않은 인간으로 만들어버립니다.

의심은 음의 업을 증폭시키기 때문에 무턱대고 의심하지 말고 순순히 받아들이는 것이 좋습니다. 하물며 상대를 시험해보는 식의 행위는 당치도 않은 짓입니다.

욕망 조언자

자자, 맛있는 사과 사세요.

작은 거라면 많이 먹지 않아서 안심이야.

당신은 먹는 걸 겁내고 있군요.

뾰로롱

빙글빙글

그럼 큰 것을 맛있게 먹지 뭐.

음.

누구나 실은 자신의 욕망을 주체하지 못하고 있다!

고토쿠 사豪德寺('복을 부르는 고양이'의 전설로 유명한 도쿄 소재의 절)의 상점가에서 쓰쿠요미 사月讀寺(저자가 주지로 있는 도쿄 소재의 절)로 오는 길에 'Hannah'라는 자연식품점이 문을 열었습니다. 가게 로고도 앙증맞고 채식주의자를 위한 채소류 식품 등도 다양하게 구비되어 있어서 오랫동안 애용하고 싶은 곳입니다.

어느 날 그 'Hannah'에 갔는데 같이 간 분이 25밀리리터쯤 되어 보이는 헤이즐넛 스프레드 병을 보고 말했습니다.

"이렇게 작은 게 좋아요. 너무 많이 먹지 않아도 되니까요."

저는 그 짧은 한마디 속에 꽤나 절실한 사정이 있다는 것을 느낄 수 있었습니다.

먹고 싶다. 그러나 너무 많이 먹고 싶지는 않다. 눈앞에 놔두고 싶다. 하지만 눈앞에 놔두면 먹어버릴 테니 놔두고 싶지 않다. 그러한 갈등을 안고 있는 분이 의외로 적지 않습니다.

바꿔 말하면 욕망이 이끄는 대로 하고 싶지만 욕망대로 했다간 오히려 욕망에 지배되어버리지는 않을까, 그런 두려움이 마음속 어딘가에 있는 것입니다.

따라서 먹고 싶다. 하지만 먹고 싶지 않다. 이러한 모순을 해결하기 위해 개발된 것이 '소량개별포장'입니다. 먹고 싶으니까 산다. 하지만 먹고 싶지 않으니까 소량이라는 것이죠.

'소량에 개별포장이 좋다.'고 느끼는 시점에서 욕망을 주체하지 못하는 것에 대해 많은 사람들이 무의식적이긴 해도 뭔가를 깨달았다고 할 수 있습니다.

그 기분에 의식을 똑바로 집중시키면 욕망의 본질에 대해 이해하게 되는 힌트를 얻을 수 있을 것입니다.

욕망을 자극할 만한 것이 주변에 많으면 많을수록 그 자극에 의해 욕망이 증폭한다는 단순한 사실은 누구나 막연하게나마 알고 있습니다. 그 '막연함'을 좀 더 확실한 것으로 만들어가다 보면 욕망을 조절하기가 훨씬 쉬워질 것입니다.

그럼 왜 우리는 자신의 욕망에 겁을 먹는다든지 그것을 힘겨워하곤 하는 것일까요?

실은 그것이 '자신의' 욕망이 아니기 때문입니다.

자신의 의지와는 상관없이 잠재의식에서 마음의 표면으로 떠오른 욕망의 업. 신발도 벗지 않고 막무가내로 들어오더니 무단으로 마음의 방을 점령해버린 욕망을 '자기 것'이라고 말할 수는 없지 않을까요?

내 것이 아니다. 즉 무아無我.

그럴 때는 '아, 그래! 내 것이 아니야. 무아야!'라고 깨달으면 됩니다.

그러면 욕망도 어딘가로 쓱 사라져버리고, 정신을 맑게 해줄 시원한 바람이 불어옵니다.

채식주의자의 위협

현미와 채소로만 식사를 하는 채식주의자 생활을 해온 지도 벌써 꽤 오랜 세월이 흘렀습니다.

　그런데 말입니다, 가끔 느끼는 것은 채식주의자라는 것 자체가 주위에 위협을 주는 경우가 있다는 것입니다.

　어쩌다 다른 사람과 식사를 함께 하게 되었을 때 내 눈치를 보며 "저기…… 스님 앞에서 고기를 먹어도 될까요?"라고 묻는 분이나 "고기를 먹고 있어서 죄송해요." 따위의 말을 하시는 분이 계시기 때문입니다.

　저는 제 자신의 심신의 건강을 위해 채식을 선택했을 뿐이고, '다른 사람도 채식을 해야 한다.'는 의견은 특별히 갖고 있지 않습니다. 하지만 고기, 생선, 유제품, 계란, 설탕 등을 먹지 않는 채식생활이라는 것을 주위 사람들은 은연중에 '그런 것은 먹지 않는 것이 좋다, 먹는 것은 좋지 않다.'는 메시지를 보내고 있는 것처럼 받아들이고 있는 것은 아닐까요?

　실제로 채식주의자가 '채식주의'가 옳다고 주장하거나, 자기들이 마이너리티여서 손해를 보는 세상이 이상하다는 식의 푸념을 하는 장면을 종종 보는데, 그런 주장은 암암리에 채식주의자가 아닌 사람들의 생활방식을 부정하고 있는 것입니다.

페미니스트나 자연보호론자도 마찬가지입니다. 존재 자체가 주위에
위협을 준다는 의미에서 거의 같다는 느낌을 받습니다.

　～이즘, ～주의라는 것은 교묘하게 무서운 것입니다.

　고로 어디까지나 채식주의라는 것은 내가 내 멋대로 하는 것이고, 주
위에 위협을 주어서 죄송하다는 생각을 잊어서는 안 될 것 같습니다.

페미니스트의 위협

때때로 훌륭해 보이는 '〜주의'는 대개 겉으로는 그럴듯하게 포장해서 말하지만 실제로는 단순히 '자신이 소속되어 있는 집단의 이익을 늘리고 싶어서 안달이 나 있다.'는 집착에 근거하고 있는 경우가 많기 때문에 본인의 마음이 추해질 뿐만 아니라 타인에 대한 위협도 된다는 것을 명심해야 합니다.

1회용 행복

'성공했다.'고 행복을 느꼈을 때가 바로 시련이 시작되는 때입니다. 여기서 욕망을 증폭시키면 기껏 느낀 행복이 그 순간의 1회용 행복으로 끝나게 됩니다.

첫 컷의 '곰돌이'를 보세요. 주가가 오르는 행운을 만나 행복해 보입니다. 종종 오해를 사곤 하는데 이러한 행운에서 얻는 만족감은 불교에서도 나쁘게 보지 않습니다.

문제는 두 번째 컷부터 시작됩니다. 행운을 얻으면 누구나 거의 자동적으로 욕망을 확대시켜버립니다.

그러면 곰돌이는 주가가 걱정되어 모니터에 계속 신경을 쓰고 싶어지고, 그만큼 다른 일에는 신경을 쓰지 못하게 되어 다른 일을 하고 있어도 충분히 즐기지 못하게 됩니다.

거기에 더해 욕망의 '갖고 싶어! 하지만 아직 손에 들어오지 않았어.'라고 느끼는 고통으로 인해 마음에 음의 에너지＝업을 만들기 때문에 그 업이 다양한 화를 불러와서 모처럼 얻은 행복이 송두리째 사라져버린다는 것입니다.

행복을 소중히 여기고 욕망을 만들지만 않았다면 그 행복을 기틀로 다음 행복이 연쇄적으로 찾아올 텐데 말입니다.

즉, 여기서 일어나고 있는 것은 행복 → 욕망의 연쇄.

그래도 두 번째 컷의 욕망이 단발로 끝나면 아직 불행은 본격화되지 않지만, 자칫하면 우리는 몇 번이나 되풀이하며 같은 종류의 욕망을 계속해서 만들어내기 쉽습니다. 그러면 마음이 그것에 의해 조건화되어 매번 같은 반응 패턴을 되풀이해버리게 되는 것입니다.

즉, 세 번째 컷, 불교 용어로 '집착'이라는 차원입니다.

상대가 누구이고 자신이 어디에 있든 같은 욕망에 사로잡혀버립니다. 욕망의 연쇄가 '집착'의 차원까지 자리 잡게 되면 상대가 흥미를 갖든 말든 그 이야기만 하게 되어 주위를 진절머리가 나게 합니다. 인간관계에 그늘이 지게도 합니다.

이리하여 세 번째 컷의 연쇄는 행복 → 욕망 → 집착.

집착이 더 강해지면 그것이 더욱 응고되어 더 이상 움직일 수 없는 강력한 존재 에너지 같은 것을 만들기 시작합니다.

이 단계가 되면 그렇게 응고된 에너지에 반응하여 신체에도 어떤 알 수 없는 경직이나 장애가 생기고 이 존재 에너지가 원인이 되어 죽었을 때는 윤회전생輪廻轉生이 생깁니다.

즉 네 번째 컷의 연쇄는

행복 → 욕망 → 집착 → 존재 에너지(→ 윤회전생).

여기서 중요한 포인트는 모처럼 얻은 행복이 욕망으로 비화되지 않게 하는 것입니다. 그렇게 하면 모처럼 얻은 행복을 1회용처럼 단 한 번밖에 누리지 못하고 고통으로 끌려들어가는 일은 없습니다.

그런데 만약 이미 욕망으로 비화되어버렸다면 어떻게 할까요?
하다못해 그 욕망이 패턴화되지 않도록 해야 합니다.

그러나 이미 패턴화되었다면?
하다못해 그것이 더욱 강화되어 존재 에너지가 생성되지 못하도록 해야 하겠죠.

만심 줄이기

이제부터는 탐욕(욕망)의 친척이라 할 수 있는 '만慢'의 번뇌에 대해 이야기하겠습니다.

늘 자신에게 신경 쓰거나 남의 평가에 신경 쓰는 우리의 나약한 마음. 좋은 평가에는 꼴사납게 흥분하고, 나쁜 평가에는 비참하게 침울해지고, 그렇게 데굴데굴 굴러가는 마음…… 우리 인간은 '난 이렇게 멋지단 말이야.'라는 이미지를 만들고 싶어서 안달이 나 있는 생물인 것 같습니다.

이는 타인의 눈에 어떤 사람으로 보이고 싶다는 욕망 때문이기도 합니다만, 그것보다 더 뿌리가 깊은 것은 자기 자신이 자신을 어떻게 생각하고 싶으냐는 자기 이미지가 강하기 때문입니다.

여기서 역설적인 것은 자신에 대한 평가를 높이고 싶기 때문에 자신에 대한 평가를 신경 쓰지만, 그런 모습이 타인에게는 꼴불견으로 보여서 오히려 자신에 대한 평가가 뚝 떨어진다는 것입니다.

또 남의 평가에 대해 신경 쓰고 있는 자기라는 인간을 마음속 어딘가에서 처량하게 느끼고 있기 때문에 자신에게 실망하고 맙니다. 결국 지나치게 신경 쓴 탓에 모든 곳에서 평가는 폭락……이라는 사태를 맞이하게 될 것입니다.

어쨌든 남의 평가에 신경 쓰는 '만'의 뿌리는 깊습니다. 이를테면 좌선 명상坐禪瞑想을 할 때조차 명상 중에 모처럼 잘되고 있어도 '오늘은 잘되고 있구나.' 따위로 잡념이 생겨서 그 순간 '잘되고 있는 나'라는 자기 이미지에 의해 만의 마음을 강화시켜버리기 때문입니다.

그러면 이번에는 거의 자동적으로 '아아, 만의 마음이 나와버렸어.' 하고 실망해서 스스로 자신의 마이너스 이미지를 만들고는 걱정합니다.

게다가 이야기는 거기서 끝나지 않습니다. 마음이라는 것은 재미있다고 할까, 불쌍하다고 할까? 마이너스의 만이 나와서 풀이 죽으면 대개 그것을 얼버무리려고 다른 이야기를 가지고 오는 경향이 있는 것 같습니다.

눈에 보이지 않을 정도로 순식간에 '아, 그런데 오늘은 컨디션이 좋지 않아.' 하고 변명할 거리를 생각하거나, 누군가가 자기를 칭찬해줬을 때를 떠올리거나, 자기를 존경해주는 사람을 떠올리며 '나도 의외로 괜찮은 사람이야.'라고 자기 이미지를 회복시키려고 필사적이 됩니다.

플러스로 가기도 하고, 마이너스로 가기도 하고, 마이너스로 간 것을 변명으로 얼버무리고 궤도를 수정하려고도 하고……. 그렇게 플러스나 마이너스의 만을 계속해서 왔다 갔다 하면 보기에도 좋지 않을 뿐만 아니라 만심을 증폭시킬 뿐이므로 조심해야 합니다.

취약성 접착제

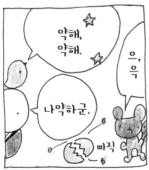

'자기 이미지'는 상처 받기 쉽고, 불안정합니다. 취약하기 이를 데 없습니다.

하긴 나, 즉 '자신'이라는 존재가 실은 어디에도 없으니까요.

존재하지 않는 것을 존재한다고 믿고 싶어서 많은 환영을 끊임없이 모으는 고생을 하는 처지가 되는 것입니다.

자기 이미지는 상처를 입고 부서지기 쉬운 것이므로 쉴 새 없이 부서져가는 것을 기묘한 실로 꿰맨다든가, 접착제나 정착제로 보강한다든가, 계속해서 영양분을 공급해주어야 합니다.

'일을 잘하는 나' '유머 감각이 있는 나' '자원봉사 활동에 참가하고 있는 나' '기독교도인 나' '불교도인 나' '사랑받고 있는 나' '남의 말을 잘 들어주는 나' '너를 이렇게나 많이 사랑하는 나'…….

그 실이나 접착제, 정착제, 영양분으로서 다양한 아이템을 찾아다니는 것이 우리의 변질된 껍질을 벗은 본 모습이 아닐까 싶습니다.

"나는 만慢이 강해서 좋지 않습니다."라고 겸손할 때조차 '겸손할 줄 아는 어른스러운 나'라는 이미지를 만들고 싶은 '욕망의 만'이 뒤에서 잡아당기고 있을 가능성이 큽니다.

상대방에게 '겸손할 줄 아는 자기'라는 이미지를 심어주면서 자기 자신의 자기상自己像에도 '겸손할 줄 아는 멋진 나'라는 환상을 심는다. 그렇게 끊임없이 눈가리개를 함으로써 자기를 잃어가고 있는 것입니다.

그렇다면 난……

남이 무슨 말인가를 했을 때 상대방의 말에 맞장구를 쳐줄 요량으로 "～라면 내 경우는……."이라는 마법으로 자기 이야기로 바꿔버리는 광경을 종종 볼 수 있습니다. 저 또한 무심코 그렇게 해버립니다.

　남의 말을 계기로 자기 이야기로 바꿔버리고 싶어서 어쩔 줄 모른다는 욕망. 누구나 갖고 있는 욕망이지만 도가 지나치면 느낌이 좋지 않으니 경계해야 합니다.

욕망 → 괴로움 → 화의 사이클

사람은 때때로 현실적인 이익보다도 자존심을 우선시하여 기묘한 선택을 합니다. 욕망이 충족되지 않을 때 우리는 이따금 자존심에 상처를 입고 괴로워하며 '그런 건 필요 없어!'라고 화의 에너지를 향해 도망치는 경향이 있습니다.

예를 들어 '너무 사랑해서 괴로우니까 헤어진다.'와 같은 틀에 박힌 말을 불교식으로 생각해보면 '사랑한다'는 욕망에 대해 상대가 애정을 충분히 돌려주지 않으니까 자존심이 상해서 괴로워지고, 자존심이 상할 정도라면 차라리 헤어지자고 화가 연쇄 반응하는 것입니다.

상대방과 함께 있기를 희망하고 있는데 자존심에 놀아나서 희망 자체를 잃어버리는 것은 현명한 처사라고는 할 수 없습니다.

자존심에 들러붙은 '만'의 번뇌라는 것은 쉽게 말씀드리면 '폼을 잡는 것'에 지나지 않습니다.

그런데 말이죠, 폼을 잡는 것이 그렇게 중요할까요? 폼을 잡는 거만함 때문에 아주 많은 것들이 손가락 사이로 줄줄 새어나가고 있는데 말입니다.

폼을 잡음으로써 자신에게 막대한 손해를 입히는 것을 바보 같다고 생각한다면 자신의 내부에 생긴 왜소한 자존심에 의식의 목표를 맞추고, '만의 고수苦受(외계와의 접촉으로 몸과 마음에 생기는 괴로운 느낌), 만의 고수, 만의 고수……'라고 염하면서 삭제해버려야 합니다.

그렇게 하면 그래도 아직은 내팽개치지 않고 여러 가지로 노력해볼 여유가 있다는 현실이 보이게 될 것입니다.

헛된 조언

상대방이 상담을 청해오면 귀를 기울이는 척하지만 실제로는 상대방이 난처해하는 것을 이용하여 감동시켜서 감사를 받으려고 할 뿐인 사악한 마음은 반드시 상대방에게 전해집니다. 그 번뇌 에너지가 상대방에게 전해지는 것은 당연합니다. 상대방은 감사하지도 감동하지도 않습니다.

　그러므로 상담을 해줄 때 중요한 것은 자신의 욕망이나 화의 잡념을 청소하여 깨끗이 비워버리는 것입니다. 조금이라도 기품이 넘치는 '공空 (실체가 없고 자성自性이 없음)'의 상태에 다가가 있는 것입니다.

위로 강요

'인간 테스트'에
실격했어요.

훌쩍훌쩍

누구나 실패를
통해
강해지는 거야.

히히

확실히
당신은 좋은 말만
하네요.

확실하게
좋은 말만
한다고요!

버
럭

위로할 요량으로 한 말인데 상대방이 오히려 더 힘들어하면 그것은 자기가 위로를 강요하고 있을지도 모른다고 그때그때 반성해야 합니다. 약해져 있는 상대방을 이용하여 자신의 생각이나 의견을 밀어붙여서 영토 확장을 꾀하고 있는지도 모릅니다.

그 '견見'의 번뇌, '욕慾'의 번뇌를 체크하여 좀 약해졌다면, 좀 더 진지하게 상대방의 괴로움에 마음으로부터 다가갈 수 있을 것입니다.

~적으로 말하면

자기가 잘 알고 있는 분야에 대해 '～적으로는'이라고 지식을 늘어놓기만 하면 실속 있는 대화가 성립되지 않습니다.

　영화를 보고 나서 음악이 전문인 사람이 "음악적으로는 전자음이 이러니저러니 해서 좋았어."라고 말하고, 연극이 전문인 사람이 "연출적으로 보면 그 장면의 안무가 이러니저러니 해서 좋았어."라고 말하면 과연 그 대화가 성립된다고 할 수 있을까요?

　좀 더 소박하게 영화의 분위기나 영화를 함께 본 것에 대한 소감을 즐기면 좋을 텐데 "음악적으로는 좋았어."에 대해 만약 "연출이 좋지 않았어." 따위로 대꾸한다면 너무 허탈해지지 않을까요?

　눈앞에 일어난 일을 '～적으로는'이라고 해설하고 싶어질 때는 '만'의 번뇌가 굉장히 왕성하게 활성화되어 있을 때라는 것을 알아야 합니다. 자신의 '전문 분야'를 늘어놓고 싶어졌다는 것을 깨닫고 반드시 그만둬야 합니다.

　물론 "시스템 공학적으로는 어때요?"라든가 "사회학적으로는 어떻죠?" "불교적으로는 어때요?" 등으로 질문을 받았을 때는 대답하는 것이 좋습니다. 문제는 누가 묻지도 않았는데 말하고 싶어질 때입니다.

그럴 때는 그 배후에 '정말 열심히 노력해서 익힌 것이니 여기서 써먹어야 되겠다. 좋아, 멋지게 보여주는 거야!'라는 마음이 감춰져 있기 때문입니다. 그러나 그래봐야 '멋지게 보여주기'는커녕 사람들로부터 미움만 살 뿐이니 그만두는 것이 품격 있는 모습입니다.

마음의 실밥 뽑기

자기 이미지를 만든다. 그때마다 우리들의 마음에는 바느질 자국이 하나씩 늘어납니다. 바느질 자국이 늘어나면 늘어날수록 꼼짝 달싹 못하게 되어 자기가 누구인지, 지금 무엇을 해야 하는지 등을 전혀 모르게 됩니다.

　그러기에 불도佛道를 마음에 꿰맨 실밥을 뽑아내는 길이라고도 하는가 봅니다.

　그런데 자기 이미지를 의식하는 '만'의 마음이 생길 때면, 마음에 바느질 자국을 만들 때면, 반드시 쾌감이나 불쾌감이 생길 것입니다.

　'이렇게 멋진 나'라는 쾌감이거나 혹은 '이렇게 형편없는 나'라는 불쾌감. 이 '쾌감/불쾌감'에 조종되는 것이 모든 것의 원흉입니다.

　고로 출발점은 '쾌감＝즐거움'과 '불쾌감＝괴로움' 중 어느 쪽이 자신의 마음속에 생겼는지를 살피는 것입니다. 그리고 '즐거움'이 생겼다면 자기가 어떤 식으로 기분이 좋아졌는지, '괴로움'이 생겼다면 자기가 어떤 식으로 괴로움을 맛보고 있는지를 잘 관찰해주십시오. 가능하면 집중력을 높이기 위해 눈을 감고 깊게 숨을 쉬면서.

'만의 즐거움'이 생겼다면 그것에 자신이 춤을 추고 있는 모습을 어떤 식으로 추고 있는지 똑바로 직시해주십시오.

'만의 괴로움'이 생겼다면 어찌 할 수 없는 마음의 그 괴로움을 똑바로 응시해주십시오.

정말이지 별것도 아닌 일에 자기가 일희일비하고 있다는 것을 깨닫게 될 것입니다. 그리고 그 모습이 잘 보이게 되겠죠.

자기 이미지를 신경 쓰게 되는 '만'의 마음이 생길 때마다 이러한 체크를 거듭하다 보면 자기 마음의 반응 패턴을 조금씩 이해하게 됩니다.

그리고 무엇보다도 '만'의 마음이 나온 순간 그것을 붙잡아둘 수 있다면, 그만큼 '만'의 바느질 자국을 한 땀씩 없앨 수 있게 됩니다.

천의무봉天衣無縫까지는 갈 수 없더라도 더러운 바느질 자국이 줄어들도록 꾸준히 실밥을 뽑아야 합니다.

제3절 **우 치**(미망)

은둔형 외톨이

삼독, 세 가지 근본번뇌 중 하나인 '미망'은 어려운 말로 하면 '우치'입니다. 그런데 '우愚'도 '치痴'도 '어리석다'는 의미이므로 무지의 번뇌 에너지라 할 수 있습니다. 무지란 구체적으로 어떤 것인지 설명하겠습니다.

　무지는 학교 성적이 나쁘다거나 시험 점수가 나쁘다는 것과는 관계가 없습니다.

　무지란 그런 것이 아니라 우리의 의식 센서가 너무 둔해서 지금 이 순간 신체 내부에 어떤 신경전달물질이 전달되고 있는지, 마음의 무의식적인 곳에서는 어떤 사고가 소용돌이치고 있는지와 같은 사실을 모른다는 것입니다.

　이처럼 몸과 마음의 현재 상태를 모르기 때문에 잘못된 결단을 내리게 되는데 이것이 바로 무지라는 것입니다. 그리고 번뇌가 많을수록 의식 센서는 더욱 둔해지기 때문에 더욱 무지해집니다.

　머릿속에서 끊임없이 생각하는 것이 습관화된 인간이라는 생물은 머릿속에서 생각하고 있는 동안은 마음의 에너지를 '이런저런 생각'에 낭비하는 만큼 시각은 물론 청각과 촉각마저 둔해진다는 성질을 갖고 있습니다. 잡념이란 바로 잡스러운 마음이고, 잡념에 의해 마음이 흐트러지기 때문에 감각 센서가 둔해지는 것입니다.

감각 센서가 둔해지면 머릿속에서 이런저런 생각에 너무 열중한 탓에 마음이 머릿속에만 머물러서 신체감각을 등한시하기 때문에 몸과 마음이 각각 따로 놉니다.

또 상대방의 감정 변화에도 둔감해집니다. 남의 말을 귀담아듣지 못합니다. 집중해서 보지 못합니다. 그리고 특히 자기 자신의 마음의 변화에 둔감해져서 자기 마음을 조절할 수 없게 됩니다.

즉, 약삭빠르게 머리로만 생각할수록 머릿속에 쓸데없는 개념만 쌓여서 생생한 현실이나 자기 마음의 깊은 속내에 대해서 무지해지는 것입니다.

이처럼 '우치＝무지＝미망'의 번뇌 에너지는 생생한 현실에서 도피하여 머릿속의 '생각'으로 마음을 도망치게 하는 방향성을 갖고 있기에 저는 '도망'의 번뇌라고 해도 되지 않을까 생각합니다. 그 자리에 필요하지 않은 쓸데없는 생각을 하는 것은 불감증으로 이어지는 '도망'의 번뇌 에너지 탓입니다.

그럼, 마음을 '도망' 가지 않게 하려면 어떻게 해야 될까요? 그것은 바로 머리를 비우고 쓸데없는 생각을 하지 않고 집중하는 것입니다.

그러기 위한 방법을 지금부터 알려드리겠습니다.

사고 정지

어이구, 헤매고만 있어. 사고思考란 놈이 전혀 멈추질 않아!

세상에서 흔히 '사고 정지'라 불리며 비난받는 상태는 사고가 정지하여 잠잠해져 있기는커녕, 머릿속에 무의미한 잡념이 뒤죽박죽 쌓여 있어서 계속 생각만 하고 있는 상태라 할 수 있습니다. 너무나 많은 잡념, 즉 번뇌가 너무 많기 때문에 머릿속이 이리저리 어질러져서 성능이 저하된 결과 합리적이고 적확한 사고를 할 수 없게 된 것입니다.

마음이 번뇌로 더러워져 있는 상태라고나 할까요.

그런데 좌선으로 사고를 멈춘다고 하면, "네? 사고를 멈춘다면 스스로 판단할 수 없는 바보가 되는 거 아닌가요?"라는 틀에 박힌 반응이 나옵니다. 그러나 그것은 진정한 '사고 정지'를 체험한 적이 없는 분이 세상에서 '사고 정지'라고 부정적으로 이야기하는 말의 이미지에 끌려들어가서 그렇다고 믿어버린 것에 지나지 않을 뿐입니다.

정말로 사고를 정지하면 머리가 깊은 휴식을 취할 수 있게 되어 나중에 머리가 팽글팽글 돌아가며 사고할 수 있게 되니까요.

좌선을 통해 마음을 호흡이나 신체에 집중시키는 데 머무르지 않고, 정말로 고도의 판단력이 작동하게 되면 우리는 쓸데없는 생각을 하지 않을 수 있습니다.

'그냥 오로지 일에 열중한다.' '그냥 오로지 호흡을 한다.' '그냥 오로지 이야기만 한다.' '그냥 오로지 운동에 집중한다.' 그러한 순간이 잡념이 없는 깨끗한 의식 상태를 보장해줍니다.

이러한 아름다운 '사고 정지', 즉 '공空'이야말로 우리들을 지혜의 에너지로 충전시켜줄 뿐만 아니라 우리들의 행동거지를 아름답게 해줍니다.

뇌 내 은둔

삼독, 즉 세 가지의 근본번뇌 중 최대최악인 것은 뇌 내 은둔!

지금 해야 할 일에 마음을 집중시키고 있는지를 생각하자마자 바로 거기에서 빠져나와 머릿속의 사고로 도망쳐버리는 것은 '미망＝무지'의 업에 의한 번뇌 에너지입니다.

쫓아내주십시오. 마음이 생각이란 것을 시작하려고 머릿속으로 틀어박히러 오면 다시 눈앞에 있는 해야 할 일로 은둔한 마음을 쫓아내 집중시킴으로써 미망의 업을 줄일 수 있습니다.

"짹짹짹." 하고 울어대는 일에 열중하고 있는데 그것과 상관없는 머릿속 사고에 마음을 빼앗기면 헛일이 되므로 열중하고 있는 일의 능률도 성과도 확실히 손해를 보게 마련입니다. 그리고 마음을 머릿속 이야기로 방황하게 하면 한 번 방황할 때마다 그만큼 마음이 방황하는 습관을 갖게 되고 '미망의 업'의 에너지가 더욱 증폭됩니다.

미망의 업이 늘어나면 늘어날수록 사고가 머릿속에서만 헛도는 인격이 부쩍부쩍 형성되기 때문에 집중력 · 결단력 · 판단력 · 명석함 · 지속력과 같은 능력이 서서히 쇠퇴합니다.

게다가 마음이 머릿속으로 틀어박혀서 생각하기 때문에 눈앞의 일에 몰두할 수 없게 되고, 그로 인해 눈앞의 일이 지루하게 느껴지며 의욕이

별어십니다.

어떤 일이든 그 일을 즐기기 위한 필수조건은 쓸데없는 생각을 하지 않고 몰두하는 것이기 때문이죠. 몰두하지 못하고 '지루하다.'고 생각하기 때문에 스트레스도 생기는 것입니다.

우리 같은 수행자가 스트레스를 느끼지 않고 하루하루를 살아가고, 그래서 스트레스를 해소할 필요조차 없는 이유는 아침부터 밤까지 대화를 나누든 식사를 하든 일을 하든 웹사이트를 갱신하든, 무엇을 하든 간에 머릿속으로 틀어박히지 않고 가능한 한 온 마음을 쏟아 몰두하고 있기 때문입니다.

그러니까 미망의 업을 조금씩 정화하고 줄이는 것이 현명합니다.

그러기 위해서는 '짹짹짹' 우는 일에 집중하고 있을 때 '아, 간식 먹고 싶다.'고 마음이 머릿속으로 틀어박히러 오면 즉각 굳은 결의로 1초라도 빨리 마음을 머릿속에서 쫓아내버려야 합니다. 그리고 '짹짹짹' 우는 일에 집중하는 힘을 키우는 것입니다.

그래도 아마 마음은 다시 미망의 에너지에 조종당해 뭔가 다른 머릿속 이야기로 틀어박힐 것입니다. 그러면 다시 힘껏 잡아당겨서 원래의 자리로 되돌려놓아야 합니다.

이처럼 '들어박히면 쫓아낸다'는 운동을 꾸준히 반복함으로써 서서히 마음을 한곳에 집중시키는 능력을 키울 수 있고, 그렇게 거듭되는 노력을 통해 미망의 업이 조금씩 줄어들어서 보다 명석한 의식을 갖게 됩니다.

"어서 오세요. 하지만 이제 눈앞의 현실로 돌아가주시죠."

이완 운동

마음이 머릿속의 생각으로 도망칠 때마다 우리가 어떤 일에 정신없이 몰두하는 힘, 즉 집중력은 파괴됩니다.

그러한 '도망'의 번뇌 에너지에 대항하기 위한 필수 아이템은 아름다운 집중, 흔들리지 않는 정신통일. 혹은 그때그때 의식을 어디에 두는지를 스스로 확실하게 결정할 수 있도록 마음을 조절하는 능력의 연습. 즉, 마음을 어떤 목표를 향해 고정시키고 벗어나지 않게 하는 능력이므로 불교 용어로 '정력定力(어지러운 생각을 없애고 마음을 한곳에만 쏟는 힘)'이라고 합니다.

집중력 따위는 필요 없어, 라고 말씀하시는 분은 아마 안 계시겠죠? 일을 할 때든 다른 사람과 대화를 나눌 때든, 심지어 놀 때조차 집중력은 중요하기 때문이니까요.

어렸을 때 '인생게임' 같은 보드게임을 하면서 같이 게임을 하는 아이 중에 다른 데 정신이 팔려서 게임을 대충대충 하는 아이가 있거나 하면 그 아이 자신이 즐겁지 않을 뿐만 아니라 그 자리에 있는 다른 모든 아이들도 괜히 맥이 빠지고 재미가 없어졌습니다. 이처럼 집중하지 않으면 모든 것이 엉망이 되어버립니다.

선禪을 수행하여 집중력만 높일 수 있다면 게임이든 일이든, 장시간

스트레스를 거의 느끼지 않고 즐길 수 있게 됩니다.

왜냐하면 일을 하면서 스트레스가 쌓이는 것은 일을 하면서 일 자체에 집중하지 못하고 의식이 갑자기 변덕을 일으켜서 일에 필요 없는 것을 생각하기 때문입니다.

이처럼 의식, 마음이 머릿속으로 훌쩍 도망쳐버리는 번뇌 에너지야말로 미망의 번뇌입니다.

'일이 끝나면 뭘 할까?' '옆자리 인간의 눈빛이 마음에 안 들어.' '이 회사는 냉방이 너무 센 거 아냐?' '내일은 싫은 꼴을 안 봤으면 좋겠는데.' '메일을 보냈는데 아직도 답이 없는 걸 보면 나를 무시하는 거 아닐까?' 등등.

'생각'으로 마음이 도망치는 순간 눈앞의 현실로 향하는 에너지는 확실하게 감소합니다.

'생각'은 현실이 아니라 머릿속에 있는 정보에 지나지 않기 때문에 머릿속 정보라는 이름의 잡념으로 마음이 변덕을 일으키면 그동안은 눈앞의 해야 할 일에 소홀해지게 됩니다.

더구나 머릿속에 있는 잡념으로 도망쳐버리면 눈앞의 현실을 제대로 인식할 수 없기 때문에 도망친 시간만큼 '지금 하고 있는 일'이 재미없어지고, 스트레스를 느낍니다.

좀 더 엄밀히 말씀드리면 실은 한 순간만 마음이 '재미없다'고 스트레스를 느껴도 잡념으로 도망치는 것이 순서입니다만.

도망가는 야옹이

모처럼 즐겁게 일하고 있는데 그 와중에 갑자기 마음이 잡념으로 변덕을 일으키면 일에 대한 충실감은 감소합니다. 뿐만 아니라 만약 '이 일은 재미없어.' 따위의 생각이라도 들면 마음이 심한 스트레스를 받는 것은 물론 눈앞에 있는 일의 내용에서 마음이 도망쳐 나오고, 도망쳐 나온 마음은 '재미없다'는 머릿속 이야기로 도망쳐 들어가 버립니다.

　이처럼 의식이 머릿속 정보로 도망쳐 들어가 버리는 것이 최악이라 할 수 있는데, 그렇게 되면 눈앞에 있는 작업에 몰두할 수 있는 능력이 확실히 반감됩니다.

　'재미없다.'고 머릿속으로 도망쳐버리고는 '아니, 그래도 해야 해.'라며 돌아온다. 그러나 또다시 '재미없다.'고 도망쳐버렸다가 돌아오고……. 이렇게 왔다 갔다 반복한다면 에너지의 절반을 머릿속 이야기에 빼앗겨버리고 실제로 일에 사용하는 에너지는 남은 절반밖에 없는 것입니다.

　의식이 방황하다 잡념으로 변덕을 부리지 않도록 '지금 해야 할 일'에만 초점을 맞추고 마음을 모으는 것이 얼마나 중요한지 이해할 수 있을 것입니다.

　만약 마음이 변덕을 부려서 생각으로 도망쳐버린 것을 알았다면 즉각 그 생각에서 마음을 잡아떼어 억지로라도 눈앞의 작업 내용으로 돌려보내야 합니다.

이처럼 생각에서 마음을 잡아떼어 그 방향을 다시 작업 내용으로 돌리는 것도 '정력定力'이 높을수록 수월해집니다.

여기서 '생각하지 않는다'고 말씀드리기는 했지만 생각하는 것이 필요할 때는 생각해야 합니다. 단, 그런 경우에도 어디까지나 생각하는 것에만 집중하여 제꺽 적확한 결단을 내리는 것이 중요하고, 생각하면서 다른 잡념, 이를테면 주위에서 나는 소리에 의식을 표류시키거나, 어제 있었던 짜증나는 일을 떠올리거나 하면 그러한 잡념 탓에 판단력이 심하게 무뎌집니다.

그러므로 작업이든 생각이든 무언가를 할 때는 그 작업 내용과 필요한 정보에만 의식의 목표를 맞추고 다른 잡념에 마음이 헤매지 않도록 하는 것이 필요합니다.

이것이 되면 정보 하나하나에 쏟는 에너지의 양이 극적으로, 정말 놀랄 정도로 많아지는 것을 체험할 수 있습니다. 업무 효율이나 판단력, 혹은 놀 때조차 그 질quality이 비약적으로 높아집니다.

의식이라는 것은 매순간 대량의 정보를 처리하고 있으므로 본래 엄청난 에너지를 내포하고 있습니다. 쓸데없는 것에 낭비되고 있는 에너지를 없애고 하나에만 집약한다면 강대한 힘을 끌어낼 수 있는 것은 당연한 이치입니다.

그리고 '생각'이라는 뇌 내 자위로 도망치지 않고 '지금 하고 있는 일'과 마음을 정확하게 일체화시킨다는 생각으로 집중한다면 설령 아무리 재미없어 보이는 일을 하고 있더라도 시간을 잊을 만큼의 충실감을 얻을 수 있습니다. 이것을 행복을 위한 기초력이라 하지 않고 무엇이라 부를까요?

좌선은 대개 이러한 마음의 목표를 정하기 위한 기초력을 높이는 것부터 시작됩니다. 그리고 예를 들어 말씀드리면 좌선 중에 '10' 정도 이것을 몸에 익혔다면 일상생활에서도 자연스럽게 '1' 정도는 익숙해집니다. 좌선 중에 '30'까지 높였다면 일상생활에서도 자연스럽게 '3' 정도는 익숙해집니다.

"Wow! Zazen should be very useful(우와! 좌선은 정말 유용하군)."

이라고 미국인처럼 눈을 동그랗게 뜨고 조금은 도움이 될 것 같다는 실감을 느낄 수 있다면 성공입니다.

제2장

번뇌 조절

불교 수행의 목표는 마음의 조절

마음을 조절하는 것이 불교 수행의 출발점이자 목표입니다. 마음을 조절하지 못하기 때문에 '오늘은 열심히 해보자.'고 결심하지만 열심히 하지 못하는 것입니다. '소식하자.'고 결의하고 나서 몇 초도 지나지 않아 과식하고 맙니다.

이렇게 되는 것은 모두 기껏 긍정적인 생각을 해도 마음속 깊은 곳에서 솟아오르는 번뇌의 충동 에너지에 굴복하여 그때그때의 화(귀찮다, 하기 싫다)나 욕망(먹어서 스트레스를 없애고 싶다)에 놀아나기 때문입니다.

우리들의 잠재의식에는 이제까지 쌓여온 감정, 즉 번뇌 에너지가 대량으로 고여 있어서 조건만 갖춰지면 쭉 솟아올라 우리들의 마음을 점령해버립니다.

번뇌 에너지, 즉 과거에 쌓은 업에 조정되며 산다면 우리들은 절대로 생각대로 살 수 없게 됩니다. 담배를 끊고 싶어도 끊지 못하고, 사람들에게 다정하게 대해주고 싶어도 그러지 못하고, 자고 싶은데 잠이 들지 않고, 긴장할 일이 아닌데도 긴장해버리고…….

그러나 뒤집어보면 이런 것들은 번뇌를 조절하는 선적禪的 테크닉만 배우면 해결할 수 있습니다. 즉, 자야 할 때는 바로 잠에 곯아떨어지고, 긴장하고 싶지 않을 때는 긴장을 풀 수 있는 것처럼 생각한 대로 자신을 조정할 수 있게 됩니다.

'십선계' 설치하기

번뇌를 조절하는 훈련을 하는 데 있어서 초심자에게 효과적인 것은 스스로에게 확고하고 흔들리지 않는 규칙을 부과하는 것입니다.

자기 규칙을 부과할 수 있으면 마음이 이리저리 임기응변으로 헤매는 일이 줄어들기 때문에 마음의 안정성이 높아집니다. 그 안정성이야말로 마음에 흔들리지 않는 평상심을 설치해주고, 마음을 조절하기 위한 토대를 제공해줍니다.

예를 들어 '무슨 일이 있어도 거짓말은 안 할 거야.'라고 결심해봅니다. 그러면 지금까지 거짓말을 하는 데 사용되던 탐욕의 번뇌 에너지나 미망의 번뇌 에너지가 사용되지 않게 된 만큼 다른 유익한 일로 에너지를 나눌 수 있습니다.

혹은 강한 의지를 갖고 '오늘 하루만이라도 마음속에 불쾌감의 번뇌 에너지를 만들지 않겠다.'고 규칙을 부과해봅니다. 그러면 그 규칙이 잘 지켜진 만큼 음의 번뇌 에너지 총량이 줄어들기 때문에 심신의 스트레스를 모두 풀 수 있습니다.

대개 '지키겠다.'고 마음속으로 정한 시점부터 스스로가 상쾌해졌다고 느낄 수 있기 때문에 그것만으로도 이미 활기를 얻을 수 있습니다. 흔들리지 않는 결의를 한 사람은 중심이 잡혀 있고 고결한 에너지 상태가 되기 때문에 번뇌에 질질 끌려가는 사람보다도 남들에게 매력적으로 보인다는 것은 말할 필요도 없습니다.

그러므로 실제로는 지키기 어려워도 스스로를 성장시켜주는 거점으로서 자기 규칙, 즉 '戒(죄를 금하고 제약하는 것)'를 사용해보기를 권하는 바입니다.

'계'에 의해 제멋대로인 '자신'을 옴짝달싹 못하게 묶어버리면 자기 내부에 품성이 쑥쑥 자랍니다. 쓸데없이 자유분방한 현대 사회에서 자기 자신을 조금쯤 억눌러보는 것도 즐겁지 않을까요?

불교에도 '십계', 정확하게는 '십선계十善戒'라는 것이 있습니다.

① 불살생不殺生 살아있는 것을 죽여서는 안된다(사람도 벌레도 새도. 우리는 살충제나 농약을 쓸데없이 너무 많이 씁니다).

② 불투도不偸盜 도둑질을 해서는 안 된다.

③ 불사음不邪淫 음란한 짓을 해서는 안 된다.

④ 불망어不妄語 거짓말을 해서는 안 된다.

⑤ 불악구不惡口 험담을 해서는 안 된다.

⑥ 불양설不兩舌 이간질을 해서는 안 된다.

⑦ 불기어不綺語 교묘하게 꾸며대는 말을 해서는 안 된다.

⑧ 불탐욕不貪欲 탐욕스러운 짓을 해서는 안 된다.

⑨ 부진에不瞋恚 화를 내서는 안 된다.

⑩ 불사견不邪見 그릇된 견해를 가져서는 안 된다.

이제부터 이 중에서 우리가 비교적 쉽게 주의할 수 있는 언어 사용법에 관한 것을 네 가지(④~⑦) 소개하겠으니 이 네 가지 항목만이라도 설치해보시죠.

그리고 그 다음은 번뇌를 조절하기 위한 정력(집중력)과 염력(자기 관찰력)입니다. 차례대로 소개하겠으니 꼭 시험해보시길…….

거짓말하지 않기

거짓말을 하면 탐욕의 번뇌 에너지와 들키지 않을까 하는 두려움(두려움도 화의 일종)의 번뇌 에너지가 증폭되어 자신에게 오히려 해가 됩니다. 이러한 것을 비롯하여 불교에서는 마음의 법칙성을 매우 중시하면서 규칙을 정하고 있습니다.

특히 거짓말을 할 때는 예를 들어 '사실은 잊고 있었다.'는 정보와 '잘 끝냈다.'는 거짓 정보가 마음에 새겨집니다. 사실과 거짓의 반대 정보가 동시에 남기 때문에 마음의 정보처리 계통이 혼란을 일으킵니다.

그러므로 사소한 거짓말이라도 쌓이게 되면 마음의 정보 간 연락회로가 서서히 이상해지고, 기억력, 명석함, 결단력 등이 쇠퇴합니다.

무지해진다…….
거짓말을 하면 머리가 나빠져……!

이처럼 마음에 혼란을 일으키는 에너지, 즉 우치의 번뇌 에너지를 증폭시키지 않기 위해서라도 눈앞의 이익에 흔들려 거짓말 따위를 하지 말아야 합니다.

험담하지 않기

악구惡口라는 것은 남에게 상처를 줄 수 있는 말을 한다는 뜻입니다.

말한 내용이 사실이라도 그것이 남에게 상처를 줄 수 있는 말이라면 '악구'입니다. 실제로 상처를 주느냐 주지 않느냐도 중요하지만 설사 실제로는 상대방이 상처를 입지 않아도 조금이라도 상처를 입을 가능성이 있다면 그것만으로도 말로 해서는 안 됩니다. 왜냐하면 상처를 입을 가능성이 조금이라도 있는 말을 하면 말하는 당사자의 마음 역시 평화롭지도 온화하지도 않을 테고, 오히려 화의 독소가 생겨 화의 업이 맹렬하게 증식하기 때문입니다.

실은 비난한다거나 헐뜯거나 하는 순간에 그 말에 내포되어 있는 화가 마음에 피드백되어 강하게 새겨집니다. 즉, 한 번 헐뜯은 만큼 화의 번뇌 에너지가 증폭되어 마음이 오염되는 것입니다.

'악구'의 요점을 정리하면 대강 이런 느낌입니다.

① 비판하면 자신은 자신이 비판하고 있는 상대방의 결점을 갖고 있지 않다고 착각할 수 있고,

② 자신은 비판하는 상대방보다 훌륭한 사람이라는 자부심을 가질 수

있지만,

③ 실제로는 비판하는 사람이 갖고 있는 자부심의 높이가 악취를 풀풀 풍기며 화의 분위기＝파동을 감돌게 하여 자신의 기품을 손상시킬 뿐이고,

④ 같이 어울려 화내는 것을 좋아하는 쓸모없는 사람들은 주위에 모여들어도 훌륭한 사람들로부터는 경원시됩니다.

사실은 ③＋④가 현실인데 대개의 경우 그것을 잊고 ①＋②라는 눈앞의 표면적인 이익에 놀아나 '악구'를 입에 담고, 결국엔 스스로에게 해를 입히고 맙니다. 하지만 이 눈앞의 이익이라는 것을 인간이 너무나 좋아하기에 '악구'는 꽤나 뿌리 깊은 문제입니다.

이간질하지 않기

양설兩舌이란 '부정적인 소문'이라고 보면 됩니다. 불양설을 '이간오離間惡'라고도 하며 타인의 평가를 깎아내리는 소문에 의해 서로의 사이를 갈라놓는 '이간'을 깨닫고, 그것을 멈추려고 주의하는 것입니다.

직장에서, 식사를 하며, 술자리에서, 인터넷상에서, 어디서나 볼 수 있는 더러운 풍경은 그 자리에 없는 사람의 결점을 왈가왈부하면서 스트레스를 발산한다는 것입니다. 그렇게 타인을 깎아내리는 부정적인 마음을 서로 증폭시키는 모습입니다.

그럼 이런 부정적인 뒷담화를 할 때 우리들의 마음에 어떤 에너지가 피드백되어 들러붙는지 생각해봅시다.

우선 '당사자 앞에서는 말할 수 없는 험담'인 이상 실은 은밀히 마음을 위축시키는 작용을 합니다. 이것은 진에의 번뇌 에너지가 들러붙는다는 것입니다.

게다가 같은 상대방에 대해 '상대방이 눈앞에 있을 때는 아양을 떨고, 상대방이 없는 곳에서는 헐뜯는다'는 모순된 정보를 기억해버리기 때문에 거짓말과 마찬가지로 마음의 정보전달에 혼란을 일으켜서 머리가 나쁜 사람으로 변해가는 우치의 번뇌 에너지도 쌓이게 됩니다.

천박하고 어둡고 부정적인 이야기에는 행여나 참여하지 말고 현명하게 대처하길 바랍니다.

있는 그대로의 사실을 말하여 이간하나 이는 불양설계를 파하는 일.

있는 그대로의 사실이 틀리면 양설에 망어를 겸하노라.

만약 거친 언사를 섞는다면 악구를 겸하노라.

만약 교묘하게 꾸며대는 말을 섞는다면 기어綺語를 겸하노라.

《십선법어十善法語》지운 존자慈雲尊者

※**지운 존자**(1718~1804, 일본 에도 시대 후기 진언종의 승려)

교묘하게 꾸며대는 말 하지 않기

기어란 쓸모없는 말을 모두 가리킨다고 봐도 될 것입니다. 말수가 많은 것은 욕심에 사로잡혀서 말을 끊지 못하는 것으로, 결코 아름다운 모습이 아닙니다. 더불어 '내 말을 들어줘.'라는 탐욕의 번뇌 에너지를 활성화시켜서 자기를 손상시킵니다.

앞 페이지에 나온 지운 존자는 불기어에 대해서 이렇게 말씀하셨습니다.

"네 가지 구업 중 나머지 삼계三戒는 그 죄가 심히 깊고 그 악함을 모르는 자 없다. 허나 이 계는 다른 기쁨과 웃음을 불러일으키면 그 모습에 가려지니 그 악함을 모르는 자가 많다. 좀 더 세심하게 지켜야 할 계이니, 무릇 대인大人인 자는 말수를 줄여야 한다. 하물며 꾸며대는 말, 그릇된 말, 의리에 어긋난 말은 모두 그 인품에 상위相違하노라."

즉, 마음속에 말과 관련된 업을 쌓을 수 있는 네 종류의 행위 중 망어·양설·악구 이 세 가지는 누가 봐도 적어도 머리로는 '좋지 않다!'고 알 수 있기 때문에 비교적 경계하기가 쉽지만, 기어에 대해서는 그 악을 알기가 어렵기 때문에 좀 더 주의 깊게 의식하지 않으면 실패한다는 말입니다.

대인(어른이 아니라 대인이라 함은 기품이 있는 사람이라고나 할까?)이라는 것은 사실이라고 해서 쓸데없는 말을 쉴 새 없이 떠드는 짓 따위를 삼가고, 입을 조심함으로써 아름답고 기품이 있는 행동거지를 만드는 사람을 말합니다.

그리고 탐욕이라는 에너지를 억제할 수 있기 때문에 마음의 독이 감소합니다.

집중은 마음을 자유롭게 한다

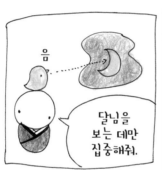

무언가를 결심하고도 결심한 대로 실행할 수 없었다든가, 말하고 싶지 않았는데 무심코 말해버렸다든가, 생각이란 것을 하기 싫은데 갑자기 뭔가 떠올라서 생각에 잠긴다든가, 달을 보려고 했는데 깨닫고 보니 콩에 정신이 팔려 있다든가, 그 아이만 좋아하려고 했는데 자기도 모르게 다른 아이랑 바람이 났다든가…… 마음이란 것이 알고 보면 꽤나 자유롭지 못합니다.

이러한 부자유는 오로지 의식을 조절하는 능력, 즉 집중력 부족이 원인입니다. 불교 용어로 말하면 의식을 특정 포인트에 맞추기 위한 '정력定力'이 부족한 것입니다.

바꿔 말하면 의식을 조절하는 능력, 즉 강한 집중력을 선의 수행을 통해 몸에 익힌다면 자유자재로 마음을 조절하여 생각한 대로 생각하거나 말하거나 행동할 수 있게 된다는 것입니다.

좌선이라고 하면 오로지 앉아서만 한다는 (심원한?) 이미지가 강한 것 같은데 저의 좌선 지도는 저만의 독특한 기술이 있습니다.

저의 좌선 지도를 받는 분이 얼마나 빨리 마음을 조절하는 능력이나 마음의 자각력을 숙달시킬 수 있느냐는 점에서 여러 가지로 기술을 개발히고 있는 상황이니 심원함이고 뭐고 없습니다.

어찌 됐건 그때그때 해야 할 일, 하고 싶은 일에만 의식을 집중시키면 기분이 아주 상쾌해집니다.

마음속 멜로디

어쩌면 당신은 자신이 나름대로 집중력이 높다고 생각할지도 모릅니다. 하지만 마음의 표면적인 부분에서 자기는 집중할 수 있다고 생각해도 실제로는 전혀 집중하지 못합니다.

마음의 표면적인 부분보다도 조금 깊은 부분에서는 본인이 의식하지 못하는 '생각'이 연이어서 맹렬한 속도로 미친 듯이 날뛰고 있기 때문입니다.

저의 예를 들어보면 최근 선禪 수련기간에 마음이 느슨해진 순간 "나 나세의 연인이잖아."라는 말이 무심코 흘러나온 것을 깨달았습니다.

나나세(SF 소설의 여주인공으로, 사람의 마음을 읽는 힘을 지닌 초능력자)가 뭔지도 잘 모르고, 평소 저는 '~잖아.'라는 말투를 쓰지 않는데도 마음의 표면으로부터 조금 감춰진 곳에서는 이런 영문 모를 생각을 멋대로 하고 있었던 것입니다.

또 그 전날에는 버스 안에서 명상을 하던 중에 잠깐 집중력이 흐트러진 순간 묘한 장면이 떠올랐습니다. 이유는 잘 모르겠지만 어머님이 화가 나서 저에게 "더 생각해봐라, 라디오로."라고 오사카 사투리로 꾸짖고 계시는 것이었습니다. 라, 라디오로? 생각하라고?

이처럼 표면의식의 이면에는 늘 앞뒤가 맞지 않는 망상이나 화, 욕망 같은 번뇌가 꿈틀거리며 끊임없이 정신적인 자극을 주고 있습니다.

즉, 마음은 표면의 멜로디뿐만 아니라 그 이면에 대량의 중저음을 감추고 있습니다. 이를테면 삼중주나 사중주를 훌쩍 넘어선 백중주, 만중주를 말이죠.

이러한 이면의 중저음도 함께 조절하여 진정시켰을 때야말로 진정한 집중 상태를 만들 수 있습니다.

감각 차별하지 않기

아마도 이 책을 읽고 있는 '지금 이 순간' 여러분은 자신이 숨을 내쉬고 있는지 들이마시고 있는지에 대해서는 전혀 의식하고 있지 않을 것입니다.

우리에겐 짧은 순간에 대량의 감각이 찾아오지만 그 대부분을 무시하고 있는 것이 우리들의 일상생활입니다. 말하자면 눈에 띄는 감각만을 편애하고, 의식하지 못하는 그 외의 감각을 차별하고 무시하고 있는 것입니다.

좋게 말해서 무시, 나쁘게 말하면 무지입니다. 왜냐하면 편애하고 있는 감각 외에는 '지금 이 순간' 무슨 일이 일어나고 있는지 알아채지 못하기 때문입니다.

알아채지 못한다는 것은 그 사람에게는 그것이 존재하지 않는 것과 같습니다.

이를테면 호흡이 그렇습니다. 호흡은 특별히 의식하지 않아도 일상 업무처럼 반복되고 있습니다. 다른 것도 마찬가지입니다. 이러한 것은 편리한 듯 보이지만 같은 일의 반복이기 때문에 모든 일이 지루해지는 원흉이 되기도 합니다.

만대로 명석한 의식을 호흡으로 보내는 좌선을 하면 할수록 호흡의 복잡한 비밀을 알 수 있을 뿐만 아니라 호흡 자체의 질이 최적화되어 심신에 아주 좋은 영향을 주는 복잡 미묘한 호흡을 하게 됩니다.

호흡이 기도를 지나가는 감각, 공기가 살갗에 닿는 감촉, 중력, 지구의 원심력, 신체가 옷에 닿는 느낌, 근육의 감각, 눈에 보이는 다양한 물건, 귀에 들리는 다양한 소리, 다양한 것들이 내뿜고 있는 미묘한 냄새, 혀에 닿아 느끼는 맛…… 등등.

그것들을 무시(=무지)할 것이 아니라 균등하게 의식하고, 있는 그대로 느낄 수 있다면 더할 나위 없이 풍요로운 감수성의 세계가 열리게 되는 것을 충분히 상상할 수 있을 것입니다.

찰나에 집중하자

식사할 때의 선, 즉 식선食禪에 대해 말씀드리겠습니다.

무언가를 먹을 때 '맛보고 싶다.'는 생각에만 점령되어 있으면 자신에 겐 '미각'만이 중요해집니다. 미각 외에 젓가락을 잡는 손의 움직임이나 감촉, 씹을 때의 입술의 움직임이나 자세 등은 아무래도 상관없다고 생각합니다.

즉, 미각만을 특별 취급하고 다른 감각에는 의식을 보내지 않습니다. 감각을 차별하는 것입니다.

그러나 감각을 차별하면 실은 그 자리에서 바로 보복을 당합니다.

젓가락을 쥐는 동작도 입술의 움직임도 의식을 보내지 않고 무의식적으로 해버리면 무성의해지고 추해집니다. 보기에 흉한 동작이 되어버립니다. 뿐만 아니라 마음 깊은 곳에서 무의식적인 스트레스를 느끼게 됩니다.

어떤 것이냐 하면 '맛을 혀로 느끼는 것'을 주된 목적으로 삼고 있으면 그 외의 행위는 '목적을 위해 귀찮지만 해야 하는 행위'가 됩니다. 그러므로 젓가락을 쥘 때나 그릇을 잡을 때의 감각에는 의식을 보내지 않고 매번 '귀찮아.'라고 작은 스트레스를 쌓게 되는 것입니다.

티끌도 쌓이면 산이 됩니다. 이 작은 스트레스도 계속해서 쌓이다 보면 결국 큰 부정적인 결과를 초래하게 됩니다.

젓가락을 움직일 때 움직이고 있는 손의 감각에만 의식을 집중하고, '지금, 이 순간'을 느껴볼 것! 제대로 집중할 수 있다면 그 감각을 차별하지 않게 됩니다. 그리고 차별하지 않으면 놀라울 정도로 큰 충족감을 얻을 수 있습니다.

'지금, 이 순간'에 집중하는 충족감을 느꼈을 때 비로소 지금까지 자기가 감각을 차별하고 있던 탓에 계속해서 스트레스를 느끼고 있었다는 것 또한 이해하게 될 것입니다.

하고 싶지 않은 말 차단하기

"이런 말은 하고 싶지 않지만……." 이렇게 시작되는 말은 '만=자존심'의 번뇌를 자극하는 매우 심각한 재앙입니다. 만화에 나오는 꼬마 아가씨처럼 하다못해 중간에라도 그만두는 것이 좋습니다.

"말하고 싶지 않지만, 이 밥 맛이 없어."
"말하고 싶지 않지만, 넌 남의 기분 따윈 안중에도 없는 인간이야."
"말하고 싶지 않지만, 넌 구두쇠야."

이런 말들은 모두 '말하고 싶지 않은' 척하고 있지만 실은 말하고 싶어서 말하고 있는 것입니다. 그러나 '자신이 이런 말을 할 정도로 지독한 인간이라고는 생각하고 싶지 않고, 남들에게도 그런 사람으로 여겨지기 싫다.'는 자기 이미지에 현혹된 결과 "사실은 말하고 싶지 않은데 당신 때문에 말하지 않을 수 없어서 싫어. 이런 말을 하게 하지 마."라고 피해자인 척하게 되는 것입니다.

자기 이미지에 얽매이는 '만'의 번뇌가 작용하기 때문에 "이런 말은 하고 싶지 않지만……."이라고 피해자인 척하지만 그런 말을 하면 그 말이 마음에 피드백되어 '만'의 반응 패턴이 더욱 증폭되어버립니다.

만약 '말하고 싶지 않지만'이나 '아무래도 상관없지만'과 같은 새빨간 거짓말을 하고 싶어진다면 우선 그것들부터 차단해야 합니다.

'뭔가'의 차단

다음으로 말하고 싶은 것은 '뭔가'라는 말입니다. '뭔가'라고 말할 때마다 '무지＝망설임'의 업이 증폭된다는 것을 알고 계십니까?

'뭔가'라는 말은 '저……'라는 말처럼 어쨌든 시간을 벌기 위해 쓰입니다. '글쎄 말이야……'처럼 말입니다.

'뭔가'든 '저기 말이야'든 '글쎄……'든 원래는 말하지 않아도 되는 것을 대화의 공백이 생기는 것이 두려워서 우선 그 공백을 메우기 위해 쓰이는 것 같습니다.

이처럼 공백을 메우는 말은 그 말 자체가 아름답지 않을 뿐만 아니라 무엇보다도 공백을 메우지 않고는 견딜 수 없다는 마음 상태가 어딘지 모르게 고상하지 못한 인상을 만들어냅니다.

그러나 이 '뭔가'라는 말은 결코 만만치 않습니다. 저 자신도 긴장을 놓고 있을 때는 종종 이런 말을 하고 맙니다. 침착함을 잃고 말할 때일수록 횟수가 늘어나는 것 같습니다.

전에 '뭔가'를 말하지 않는 게임을 친구와 둘이 해보았는데, 잠깐만 주의를 게을리 해도 두 사람 모두 무심코 말해버리는 것이었습니다.

'그러니까' 증후군

'그러니까……' 따위로 시작되는 말을 들은 날에는 이야기를 들을 마음 자체가 싹 사라져버리는 것은 저의 수행이 아직은 부족하기 때문일 것입니다.

그래도 '그러니까'라는 말은 왠지 모르게 위압감이 느껴지는 기분 나쁜 말인 것은 사실입니다.

'그러니까'라는 말은 본래 'A이니까 B'와 같은 식으로 논리를 나타내는 말입니다. 앞뒤가 딱 맞는 논리는 '반론을 허용하지 않는 권위'를 나타냅니다.

원래 논리라는 것에는 상대방을 불문곡직하고 따르게 하려는 성질이 있기 때문인지, '그러니까'에는 오만한 느낌이 내포되어 있는 것처럼 느껴집니다.

그래도 합리적인 논리나 이유가 있다면 모르지만 그것조차 없으면서 '당연하다'고 억지를 부린다면……. 이 세상을 우아하게 살아가기 위해서라도 이런 거칠고 막된 말은 행여나 쓰지 말아야 한다고 생각합니다.

두 번째 옵션

아주 오래전, 어느 분의 생일 때 《기품의 룰》(가토 에미코 지음)이라는 책을 선물한 적이 있습니다.

그런데 제목에 '당신에겐 기품이 없으니까 기품을 갖추세요.'라는 상대방을 부정하는 듯한 뉘앙스가 있어서 책을 주기 전에 미리 "당신이 결코 기품이 없다는 말이 아니라 그냥 재미있게 읽고 좋은 영향을 받을 수 있을 것 같아서……."라는 말을 했던 기억이 있습니다. 저도 변명조의 말을 한 것입니다.

초기 경전을 보면 부처님이 대화의 달인이었다는 것을 알 수 있습니다. 상대방이 갖고 있는 이상한 의견이나 상대방이 구애되고 있는 것에 대해 결코 부정적인 뉘앙스를 풍기지 않았던 것입니다.

상대방이 구애되고 있는 것 자체는 부정하지 않고 "그것을 실현하기 위해서는 다른 좋은 방법이 있어요."와 같은 식으로 슬쩍 다른 옵션을 제시하는 것입니다. 그 옵션을 채용해보니 애초에 구애되던 마음 자체가 사라져버리는, 아주 교묘한 옵션을.

부처님의 수준과는 동떨어져 있지만, 우리들의 일상에서도 다른 옵션을 제시하는 방법은 매우 효과적입니다.

누군가와 옷을 사러 갔을 때 상대가 어울리지 않는 옷을 입은 것을 보고 "그 옷은 어울리지 않아."라고 직설적으로 지적하기보다는 "저쪽 옷을 입으면 좀 더 멋있지 않을까?"라고 다른 옵션을 말해주는 것이 부정적인 뉘앙스를 풍기지 않습니다.

생각 멈추기

누군가가 한 말이나 한 일에 대해 반사적으로 '바보 아니야?'라고 마음속으로 생각했던 적은 누구에게나 있을 것입니다.

깨닫고 보니 무시하고 있다. 즉, 의식적인 것이 아니라 무의식적으로 남을 무시하고 있는 것입니다. 그러곤 기분이 좋아집니다.

하지만 남의 말과 행동에 대해 '가치가 없어.' '바보 같아.' 따위로 부정적인 평가를 하고 싶어지는 것은 혐오＝반발＝화의 업에 쫓기는 것에 지나지 않습니다. 자신의 의식이 닿지 않는 어둠의 영역에서 '무언가를 부정하여 기분 좋아지자! 무시해주자! 무시해버리는 거야!'라는 충동이 꿈틀거리고 있는 것입니다.

따라서 반사적으로 '바보 아니야?'라는 생각이 들기 시작한 것을 깨달았다면 생각이 끝나기 전에 멈추어야 합니다.

그리고 자신이 화의 반사 반응에 발목이 잡히려는 것을 '화, 화…….' 라고 마음속으로 염하면서 강하게 의식해봅니다.

'바보 아…… 하마터면 널 바보로 만들 뻔했구나. 화, 화, 화…….' 이런 식입니다.

찰나, 이 좋은 찰나

과거를 쫓지 않고, 미래를 바라지 않는다.

과거는 이미 지나간 것이요, 미래는 아직 오지 않은 것이니

현재 존재하고 있는 현상을 그때그때 있는 그대로

아무것도 보태지 않고 아무것도 빼지 않고 관찰하여

흔들리지 말고 동요하지 말고

지혜로운 자는 그것을 행하는 것이 좋다.

오늘이야말로 노력하고 힘써야 하나니.

《중아함^{中阿含}》 43권 〈온천림천경^{溫泉林天經}〉(부분적으로 필자가 의역함)

불교에는 하루 단위로 뭔가를 생각하는 그런 대략적인 인식법이 없습니다. 그런 건 너무 애매모호한 방법이죠. '일일시호일^{日日是好日}'이라는 경구가 있는데 흔히들 '날마다 좋은 날'이라고 해석합니다. 그러나 실은 원문을 조사해서 직역해보았더니 '지혜로운 이가 지금 이 순간에 집중하는 것에 의해 얻을 수 있는 희열감'이라는 의미였습니다. 이른바 '찰나, 이 좋은 찰나.'라는 말입니다.

실제로 '오늘 하루'라는 현실에 집중하려고 해도 하루는 길고 망막하

여 집중하기가 어렵습니다. 결국 과거를 쫓지 않고, 미래를 바라지 않고 산다는 것은 지금 이 순간의 현실에 의식을 집중하는 것 외에는 방법이 없습니다.

이를테면 지금 이 순간의 호흡을 놓쳐서는 안 됩니다. 지금 숨을 들이쉬고 있는지, 내쉬고 있는지, 그 호흡이 긴지 짧은지. 혹은 지금 이 순간 책장을 넘기는 손가락의 감촉을 있는 그대로 느껴야 합니다. 그렇게 함으로써 지금 이 순간에 머무를 수 있습니다.

놀면서도, 일하면서도, 밥을 먹으면서도, 그 순간에 완벽하게 집중할 수 있으면 '내가, 내가'라는 때 묻은 감각이 옅어지는 대신 '와, 지금이야!'라는 감각이 문을 열게 됩니다. 이것이 희열, 즉 꽉 찬 행복감이라는 것입니다. 또한 이것이 '공空'의 입구입니다.

일의 시작과 끝

어떤 일을 시작할 때 욕심을 연료로 삼는 것이 어쩔 수 없는 경우도 있습니다. 입구에서는 안이한 욕심으로 시작하는 것도 나쁘지 않습니다.

그러나 실제로 그 일을 한창 하고 있는 동안에는 욕심은 그저 방해만 될 뿐입니다. 야옹이가 '이 생선을 먹으면 맛있을 거야.'라고 욕심을 부리고 있다면 그 욕심이라는 잡념 탓에 집중력이 떨어져서 생선을 먹지 못할 수도 있습니다.

그러므로 시작하기 전의 입구에서는 안이한 욕심이 있었다 해도 실제로 하기 시작했다면 욕심 따위는 깨끗이 잊고 그 순간의 작업에 몰두해야 합니다.

실제로 일단 하기 시작한 이상 이미 그것은 '하고 싶은 일'이 아니라 '해야 할 일'로 바뀝니다. '지금 해야 할 일'의 그 순간에 집중함으로써 욕망이라는 이름의 잡념은 사라집니다. 그러면 욕망의 업이 지닌 폐해를 경감시킬 수 있을 뿐만 아니라 더할 나위 없이 큰 충실감을 얻을 수 있습니다.

'실감'과 '욕심이나 화를 태워서 머리로 생각하는 잡념'은 절대로 양

립할 수 없습니다. 의식의 에너지를 생각하는 데로 나눠주면 나눠줄수록 실감으로 돌아가는 에너지가 없어지기 때문입니다. 고로 잡념이 많을수록 인간은 무감각해지고, 일에 대한 충실감이 시들어가는 동시에 일의 정밀도도 떨어집니다.

입구에서는 욕망이나 화와 같은 안이하고 조잡한 마음이었다 해도 출구로 나올 때까지는 그것들을 정진이나 염과 같은 것으로 바꾸는 기술을 익혀두면 좋습니다.

자전거조업

문자나 메일을 받고 답장을 보내기 전까지 '이제 슬슬 답장을 보내볼까?'라고 신경 쓴다면 그때마다 당신은 작은 '고^품'를 몇 번으로 나눠서 맛보고 있는 것입니다. 그 고가 축적되어 더 이상 견딜 수 없게 되었을 때 축적된 고를 연료로 삼아서 사람들은 실제로 답장을 보냅니다.

그리고 무사히 답장을 보낸 것도 잠깐, 자신의 마음을 다잡고 있지 않으면 이번에는 '슬슬 답장이 올 때가 됐는데?'라는 모드로 바뀔 수도 있습니다. 그리고 '이제 올 때가 됐는데 왜 안 오지?' 따위로 생각하기 시작하면 또다시 '고'가 시작됩니다.

뿐만 아니라 답장을 받고 기뻐할 틈도 없이 이번엔 또 '이제 슬슬 답장을 보내야지.'라는 고가 시작되고…… 그야말로 자전거조업입니다.

그러므로 고를 알고, 고와 친해지는 것이 중요합니다. '아아, 답장을 보내야지.'도 '왜 빨리 답장이 안 오지?'도 모두 고에 해당하지만 그 감각에 쫓겨서 움직인다면 제대로 될 일이 없습니다.

고에 쫓겨서 보내는 임시방편의 답장은 스트레스로 인해 적당한 내용이 될지도 모르고, 상대방에 대한 배려가 부족한 내용이 될지도 모릅니다. 혹은 '왜 빨리 답장이 안 오지?'의 고에 쫓기면 '지난번 메일은 잘 받

있습니까?' 따위로 상내방을 재촉할지도 모릅니다.

어느 쪽이든 무분별하게 '고'에 쫓겨서 하는 행위는 정밀도가 떨어지고 덜렁대다가 바보 같은 실수를 저지를 가능성이 높습니다. 고의 구조를 모르면 모를수록 사람은 실수가 잦아집니다.

반드시 선의 테크닉으로 고가 나온 순간 소멸시키는 방법을 습득해 두길 바랍니다. 고는 염력을 단련하여 포착하고, 격퇴해야 합니다. "고! 고! 고!"

3초 만에 할 수 있는 불교 입문

제가 간단하면서도 실용적인 불교 실천법을 개발했습니다. 이름하여 '3초관三秒觀'.

마음의 움직임이 툭 튀어나온 것을 깨달았다면 그 마음이 신체의 동작이나 말이 되어 밖으로 나오기 전에 3초 동안만 기다린다. 마음속에서 하나, 둘, 셋 하고 수를 세고 나서 행동으로 옮기는 것입니다.

실제로는 3초가 아니라 2초든 1초든 상관없지만, '3초면 할 수 있다.'든가 '3분 동안 습득한다.'든가 '3일이면 모든 것이 바뀐다.'와 같은 상스럽고 안이한 것을 좋아하는 작금의 상황을 조롱해보고 싶어서 3초로 한 것입니다.

행위를 멈추라는 것이 아니라 어디까지나 셋을 세며 기다린 후에 행동하라는 것이니 간단하지 않습니까? 속는 셈치고 한번 해보십시오.

휴대전화의 문자 착신음이 울리면 반사적으로 손을 뻗고 싶어도 3초를 세고 나서 손을 뻗는다. 여기서 잠시 마음에 여유가 생깁니다.

그렇게 하면 이제까지 우리가 얼마나 '파블로프의 개'처럼 착신음에 예속되어 있었는지가 이해될 것입니다. 그리고 휴대전화로 천천히 손을 뻗는 동작이 여유롭고 아름다워져서 틀림없이 옆에 있는 사람의 넋을 빼놓을 것입니다.

배가 고파서 냉장고 문을 거칠게 열어젖히려는 순간 3초를 세면서 '아, 냉장고 문을 열고 싶구나.'라고 자기를 돌아보고 나서 열어보십시오. 그러면 냉장고 문을 여는 동작이 얌전하고 아름다워집니다. 혹은 열지 않아도 되겠다는 생각이 들지도 모릅니다.

특히 가까운 사람에게 뭔가 부정적인 말을 하고 싶어졌을 때 이 방법을 권하고 싶습니다. 대부분은 3초를 세며 기다리는 동안 그런 마음은 거품처럼 사라져버릴 것입니다.

그렇게 3초라는 시간의 체에 걸러지고 난 후의 말은 매우 자연스럽게 정리되어, 가시나 쓸데없는 자만 등이 탈색된 다정한 말이 될 것입니다 (제가 해보고 확인한 것입니다).

실제로는 그저 '하나, 둘, 셋' 하고 세는 것만으로도 자연스럽게 마음의 상황이 보이게 되어 자각화·의식화되기 때문에 약하긴 해도 3초 동안 불교에서 말하는 '염'에 해당하는 기능이 작용한다고 할 수 있습니다.

그렇다면 일부러 '염'을 단련하려고 하지 않아도 가볍게 도전해볼 수 있지 않을까요?

3초관

몸, 말, 마음의 3업 중 마음이 처음이자 가장 빨리 생깁니다. 그 마음속에서 유해한 내용을 생각하지 않도록 마음 자체를 조율하는 것이 최선이지만, 그렇게 할 수 없다면 차선책으로서 고속으로 생긴 마음이 현실화되기 전에 시간을 싹둑 잘라버리는 것입니다.

느긋하게 3초를 기다리는 동안 그 유해함이 중화되어서 조금은 아름다운 말로 바뀔 것입니다.

대항 vs 지관

누군가가 '아무렇든 상관없다.'고 말할 때일수록 그가 그 일에 구애되어 집착하고 있는 모습이 여실히 보입니다.

"아무렇든 상관없지만, 그렇게 말하는 건 아니잖아!"라고 화를 낸다든가, "아무렇든 상관없지만, 당신, 내 말을 제대로 듣고 있지 않지?"라든가, "아무렇든 상관없지만, 띠지의 홍보 문구가 본문에 없는 내용이면 좀 우습지 않나?" 등등.

요컨대 '아무렇든 상관없다'는 때에 따라서 구애되고 있지 않은 척, 집착하고 있지 않은 척하고 싶을 때 사용되는 경우가 많다는 것입니다. '이런 일에 구애되어 집착하고 있는 것은 모양새가 좋지 않으니 구애되지 않기로 하자.'고 타인과 자신을 속이는 것입니다. 사기꾼. 모두가 사기꾼!

문제는 자기 마음에 억지로 '아무렇든 상관없다'는 생각을 집어넣으려고 하면 그것은 억지스럽기 그지없는 억압이 된다는 것입니다. 구린내 나는 것에 뚜껑을 덮는 것과 같다고나 할까요? 뚜껑에 덮인 내용물은 모르는 새에 발효되어 부패하니 주의하시길.

단, 그런 속임수가 아니라 진지하게 '아무렇든 상관없어, 아무렇든 상관없이, 아무렇든 상관없어……'라고 반복해서 계속 생각하다 보면 실제로 욕망을 억압하여 격퇴시킬 수 있는 것도 사실입니다. 욕망에 대해 아무렇든 상관없다='사捨(들뜨지도 않고 침울하지도 않은 평등한 마음 상태, 외부의 자극에 대해 괴롭지도 즐겁지도 않은 상태)'의 마음을 대항 사념思念으로서 생각하여 욕망을 진압하는 것입니다.

남의 말에 불쾌해질 것 같을 때 '나의 불쾌감이 일어나지 않기를, 상대방의 불쾌감이 일어나지 않기를……'이라고 거듭 생각함으로써 화를 가라앉히는 것도 불쌍히 여기는 마음을 대항 사념으로 삼아서 불쾌해지려는 마음을 가라앉히는 진압이라고 할 수 있습니다.

특정한 부정적인 마음이 나올 것 같을 때 그것과 반대되는 긍정적인 마음을 억지로 생각해냄으로써 대항한다는 작전입니다.

이렇게 온힘을 다해 뚜껑을 닫고 진압하는 것이 불교에서 말하는 '지관止觀' 중에서 '지'에 해당하는 것입니다.

이에 대해 '관'은 오히려 뚜껑을 열고 마음의 깊은 곳까지 들여다보는 느낌이라고나 할까요? 지금 이 순간 자기 마음에 들러붙어 있는 짜증이나 욕망을 유심히 관찰합니다. 억압하는 것이 아니라 자신이 화나 욕망에 사로잡혀 있는 것을 온전히 인정한다. 그것이 출발점입니다.

'아, 짜증난다. 짜증내고 싶다. 거참, 짜증나는군. 짜증난다, 짜증나.'

라든가, '그래, 난 지금 먹고 싶어. 그래, 먹고 싶은 거야. 먹고 싶은 것 같다. 먹고 싶어졌어. 흠, 너무나 먹고 싶다.'와 같은 식으로 유심히 관찰하고 마음속으로 계속 중얼거립니다.

그러면 짜증도 욕망도 정체가 들통 나서 잡혀버리고, 소멸되어버립니다.

그리고 무엇보다도 욕망이나 반발의 어두운 에너지가 다른 밝은 에너지로 바뀝니다.

이것이야말로 불교 수행의 진수입니다. 억압도 진압도 아닌, 정화, 혹은 승화의 방법입니다.

번뇌 검사기

번뇌의 손에 닿는 감촉, 혀에 닿는 감촉을 체크해봅시다.

《염처경念處經》이라는 경전에서는 욕망에 대해 설법한 후에 반발심에 대해 의식을 집중하라고 설법하고 있습니다.

반발이 있는 마음을 반발이 있는 마음으로 알아야 합니다.
반발이 없는 마음을 반발이 없는 마음으로 알아야 합니다.

'지금 하기 싫은 일을 억지로 하고 있는 건 아닐까?'라고 마음을 꼼꼼히 살펴봅니다. 그리고 무언가에 대해 유치한 반발을 하고 있는 자신의 모습이 떠올랐다면 그 반발심을 잘 알아봅니다. 알아본다는 것은 철저하게 관찰한다는 것입니다.

반발심 때문에 호흡이 짧고 거칠어져 있거나, 신체 일부가 불쾌해져 있거나, 마음이 진정되지 못하고 있을 테니 그 감촉을 잘 관찰합니다. 그리고 반발심이 찾아와도 그것에 휩쓸릴 것이 아니라 '우와, 공부할 거리가 찾아왔네. 불을 향해 뛰어드는 불나방들이여!'라고 맞아들여서 무찔러버리면 됩니다.

혹은 이따금 어떤 일을 막론하고 '싫다.'는 반발심이 생기지 않을 때도 있으므로 그럴 때는 그때의 편안한 느낌을 잘 의식해둡니다.

그러면 의식이 깊은 단계에서 기억해줍니다. '아, 반발심이 없을 때는 호흡도 고르고, 몸도 편안하니 싫으면 하지 않는 게 좋겠구나.'라고.

반발심이 있을 때의 감촉과 없을 때의 감촉. 평상시에는 자각의 대상이 되기 어려운 것들이라 안타까울 뿐입니다. 왜냐하면 이런 감촉을 제대로 실감할 때마다 의식의 깊은 곳에서 공부가 되기 때문이니까요. 이론상으로만 '반발은 좋지 않다.'고 납득했다고 생각하겠지만, 그만두지 못하는 사람에게 권하는, 뼛속까지 영향을 주는 공부입니다.

자기와의 거리

불교에서는 타인과의 거리감을 중요시하지만, 그 이전에 자기 내부에서 일어나는 감각이나 감정과 거리를 두는 방법부터 가르쳐줍니다.

우선 '내가 ～했다.'라고 자기 본위로 생각하는 더럽고 속된 기분이 왜 생기는지 알아보면 우리의 마음속에는 눈, 귀, 코, 혀, 몸, 뜻이라는 육근六根으로 정보가 들어올 때마다 내가 보았다, 내가 들었다, 내가 맡았다, 내가 만졌다, 내가 생각했다는 식으로 '나'는 확실히 여기에 존재한다고 나를 강화하는 장치가 자리 잡고 있기 때문입니다.

사실은 보였다거나 들렸을 뿐 그것들이 '나'의 소유물은 아닌데도 말입니다.

《대만월경大滿月經》에서 부처님은 눈, 귀, 코, 혀, 몸, 뜻이라는 육근에 색色, 성聲, 향香, 미味, 촉觸, 법法이라는 육경六境이 닿아 쾌락이나 불쾌감을 느끼는 것을 '수受'라고 제자들에게 가르치고 있습니다.

과거, 미래, 현재의 어떤 수도

안에 있는 것이든, 밖에 있는 것이든

큼지막한 것이든, 미세한 것이든

못난 것이든, 잘난 것이든

혹은 멀리 있는 것도 가까이 있는 것도, 모든 수에 대해

이것은 내가 아니다,

이것은 나의 아我(본질적 실체)가 아니다, 라고.

이처럼 이것을 여실히, 올바르게, 슬기롭게 보아야 한다.

이 경전의 말씀은 단순한 지식을 위한 것이 아니라 염을 통해 실천하기 위한 것입니다. 그리고 저는 모든 감각에 응용할 수 있다고 생각합니다.

이를테면 만약 짜증나는 일이 있다면 '이 짜증은 내 것이 아니다. 이 짜증은 내가 아니다. 이 짜증은 나의 본질이 아니다.'라고 반복해서 염하며 자신에게 들려주어서 감각을 잘라내보십시오.

초조함도, 아픔도, 욕망도, 화도, 추위도, 더위도 모두 같습니다.

그러면 '내가 ～했다.'라는 감각이 옅어지고, 기분도 가벼워집니다.

사성제

‘사성제四聖諦 수행’ 하면 왠지 좀 어려운 것 같지만 실은 아주 단순합니다. 예를 들어 네 가지 중 하나, 좋지 않은 업을 쌓았다고 생각되면 ‘다음에는 절대로 되풀이하지 말아야지.’라고 마음속에서 반복해서 염하며 들려주면 변변치 못한 마음이라도 좋은 방향으로 변화하여 조금씩 성장한다는 수행입니다.

‘부처님의 가르침’이라고 하면 덮어놓고 심원한 가르침을 기대하는 경향이 있는데 가장 중요한 것은 이런 심플한 ‘주문’일 것입니다.

선 정돈술

좌선 모임에서는 처음에 집중력을 높이기 위해 '출입식념出入息念'이라든가 '안반념安般念'이라고 해서 호흡만을 관찰하며 거기에 의식을 집중시키는 수행을 하고 있습니다.

그러나 사람의 마음은 그런 집중 상태에 전혀 길들여져 있지 않기 때문에 집중하기를 싫어하며 저항하고, 집중을 깨뜨릴 다양한 잡념을 떠올립니다. 이렇게 떠오른 잡념을 어떻게 처리하느냐에 불교의 진수가 있습니다.

마음속에 솟아오르는 기분이라는 것을 압축할 대로 압축해놓으면 '탐욕'이나 '진에', '우치', 이 세 종류가 됩니다. 즉, 이 책의 테마인 '삼독'입니다.

그것들을 닥치는 대로 쓰레기 분리하듯 정리해버리는 것이 수행입니다. 구체적으로는 그런 기분이 들면 거기로 즉각 의식을 돌려서 '욕, 욕, 욕……'이라든가 '화, 화, 화……'라고 마음속 말로 패치를 덧대고 염하는 것입니다.

아주 단순한 분리방법이니 복잡하게 생각할 필요가 없습니다.

깨끗이 분리해서 버리는 만큼 자신의 무의식 속에 축적된 '탐욕'과

'진에'와 '우치'의 진광이 줄어듭니다. 그만큼 가벼운 '나'가 될 수 있습니다.

'탐욕'이 적음은 아름답고
'진에'가 적음은 아름답고
'우치'가 적음은 자유로워지나니.

속물군

사람과 사람은 늘 서로 교류하면서 서로에게 물들어가고, 또 서로를
세뇌시켜가면서 살고 있습니다. 비슷한 욕심이나 비슷한 화와 같은 번
뇌끼리 연결되어 서로 번뇌를 증폭시키기를 좋아하는 것은 세상에 흔
히 있는 일입니다. 속물군이여 돌진하라!

　부처님의 가르침에 따라 생각하면 그 사람과 있으면 기분이 좋아지거
나, 자기가 아름다워지거나, 자기를 다스리고 싶어지는 상대야말로 함
께 있어야 할 사람입니다. 함께 있으면 험담이나 비판을 일삼는 사람과
는 서로의 품성을 떨어뜨리면서까지 친구로 있을 필요가 없습니다.

늘 새로운 마음으로

일전에 제가 몸담고 있는 절에 찾아오신 불자께서 일 때문에 받는 고통을 이겨나가는 방법에 대해 질문을 하신 적이 있습니다. 그것에 대해 일의 신선도를 유지한다는 관점에서 다시 대답해보도록 하겠습니다.

일에 폐색감閉塞感을 느끼고 힘들어지는 이유는 여러 가지가 있습니다만, 같은 '자기'가 같은 '일'을 계속 반복하고 있다고 생각하는 의식 탓에 신선함을 느끼지 못하게 되는 것이 가장 큰 원인이라고 사료됩니다.

똑같은 일을 해야만 하는 상황이라고 해도 오늘 하루만 하면 끝나고, 내일부터는 일하지 않아도 되는 경우에는 훨씬 즐겁게 일할 수 있을 것입니다.

어제도 일, 오늘도 일, 내일도 일과 같은 경우처럼 일의 '연속성'을 생각하기 때문에 권태감에 의한 스트레스가 생기는 것입니다.

그럼 어떻게 하면 이 스트레스를 느끼지 않을 수 있을까요? 일이라는 널따란 너럭바위 같은 것을 짤막하게 끊어내어 세분화해보기를 권합니다.

구체적으로는 출퇴근과 회의, 서류작성, 전달, 아이디어 구상, 점심식사, 휴식 등등을 '업무 시간'이라는 하나의 틀 안에 놓고 같은 것이라고 생각하지 말라는 것입니다.

회의할 때는 '지금은 회의를 하고 있다.'고 마음속으로 중얼거리고, 서류를 작성하기 시작했다면 '지금은 서류를 작성하고 있다.'고 생각하고, 무언가를 전달할 때는 '이제부터 전달한다.'고 생각하고, 아이디어를 짜낼 때는 '지금부터 아이디어를 짜낸다.', 점심식사를 할 때는 '지금은 점심식사 시간.', 쉴 때는 '지금은 휴식 시간.'이라고 스스로에게 말해주는 것입니다.

무엇이든지간에 한 가지 일을 완료할 때마다 '우와~ 해냈다.'라고 짧게 성취감을 맛보면 일에 대한 의욕을 유지하기가 쉬워집니다. 한번 끈기 있게 해보시죠.

반대로 이것들을 '일'이라는 추상적인 개념으로 한데 묶어버리면 같은 일만 계속 하고 있는 기분이 들어서 권태감이 생깁니다.

그러나 같은 '일'이라는 것은 실제로는 존재하지 않습니다. 머릿속에서 만들어낸 망상에 지나지 않습니다. 실제로 존재하는 것은 '출퇴근' '회의' '서류' '전달' '아이디어' '점심식사' '휴식'과 같은 구체적인 내용뿐이니까요.

그때그때 각각 전혀 다른 일을 하고 있다는 의식을 유지하면서 마음을 가다듬어보십시오.

이것을 불교 용어로 '정지正知'라고 합니다. 지금 자기가 무엇을 하고 있는지를 한데 뒤섞지 않고 명확하게 의식한다는 의미입니다.

그리고 그러한 구체적인 작업 내용은 제행무상諸行無常이라고 연이어서 다른 것으로 옮겨가며 바뀌기 때문에 항상 신선할 수밖에 없습니다.

그러므로 하고 있는 업무 내용에 조금이라도 변화가 생길 때마다 전혀 다른 직장에 온 것 같은, 늘 신선한 마음가짐으로 업무에 임한다면 권태감은 저 멀리 어딘가로 사라질 것입니다.

괴로움 흘려보내기 연습

불교 수행법 중에 '수수념受隨念'이라는 것이 있습니다. 수受라는 것은 고苦나 낙樂이라는 감각 자극을 말합니다. 쉽게 말하면 감각을 고와 낙으로 나눠서 맛보고, 그것에 반응하지 않고 흘려보내는 연습입니다.

마음에 '고'가 찾아오면 '고, 고, 고……'라고 염하면서 그 기분에 의식을 집중합니다. 의식을 제대로 집중해서 고라는 것에 기가 죽지 않고 남김없이 싹 먹어치우면 고는 흔적도 없이 완전히 소멸됩니다.

이 수수념이 일상생활에서도 효능이 있느냐고 묻는다면 물론 절대적인 효과가 있습니다.

화의 반발심으로 상대방에게 무언가를 쏘아붙이면 반드시 그 화의 파동이 상대방에게 전달되어 상대방에게 '고'가 생깁니다. '고'를 느낀 상대방은 표면상으로는 웃고 있어도 분위기나 몸짓 등으로 화의 파동을 되돌려 보냅니다. 누구나 그것을 알고 있기 때문에 자신이 화로 대하면 상대방으로부터도 화가 돌아올 것이라고 마음속 어딘가에서는 예상하고 있습니다.

그런데 여기서 화가 되돌아오지 않는다면 어떨까요?

'어라? 이거 예상 밖이네. 화가 돌아오지 않잖아? 나 혼자만 화가 나서 헛짓거리를 한 꼴이라니. 괜히 부끄럽군!'

그런 상황에서는 누구나 이 정도의 충격은 받습니다.

이 충격력衝擊力이야말로 마음 깊숙한 곳에 자리 잡은 무의식의 단계까지 닿아 타인을 변화시킬 수 있는 힘입니다.

이치를 따져가며 상대를 꼼짝 못하게 논파論破해도 이치는 상대방의 표층의식에만 도달하고 무의식의 단계에서는 반발을 불러일으킬 뿐이므로 백해무익입니다. 만약 타인을 좋은 방향으로 변화시키고 싶다면 우선 자기 기분을 조련해야 합니다. 눈에는 눈, 부정적인 기분에는 부정적인 기분이라는 불길한 자연법칙으로부터 '가출'하는 것이 선결과제입니다.

'먼저 자기부터 바뀌어야 한다.'는 뻔한 문구의 새로운 해석으로서 먼저 자기가 바뀜으로써 예상된 의표를 찌르고, 충격을 주어 상대방을 변화시킵시다.

현행범

야옹이를 길들일 때는 현행범으로 붙잡아 가르치는 것이 중요하다는 것은 말할 필요도 없습니다.

　마찬가지로 우리들의 마음을 조절하려고 할 때도 욕망이나 화라는 번뇌가 솟아오른 그때 현행범으로 붙잡는 것이 중요합니다.

　왜냐하면 과거의 욕망이나 과거에 화냈던 일을 떠올리며 반성해봐야 그것은 이미 지나가버린 과거의 일이지 현실이 아니기 때문입니다.

　더러운 욕망이 툭 튀어나왔다면 한시라도 빨리 그것을 깨닫고 '욕, 욕, 욕, 욕……'이라고 염하는 마음속 말을 통해 욕망을 진정시키고 길들여야 합니다.

　불쾌감이나 불안과 같은 '화'의 번뇌 에너지가 솟아올랐다면 즉시 '화, 화, 화, 화……'라고 염하며 떨쳐버려야 합니다.

　욕망이나 화가 나온 것을 알아채는 센서를 민감하게 만들어 조금이라도 빨리 붙잡는 연습을 하다 보면 감정을 가라앉히는, 즉 길들일 수 있는 확률도 높아집니다.

　그러므로 욕망이나 화가 나와도 '난 안 돼.' 따위로 낙담하지 말고 그것들을 붙잡을 수 있는 연습의 장이 마련되어 다행이라고 생각하면서 맞아들여 싸우면 될 것입니다.

제**3**장

깨달음 심기

깨달음에 대한 오해

'깨달음'이라는 말은 실천을 떠나 말만이 홀로 걷고 있는 것처럼 여겨집니다. 일상생활과는 아무런 관계도 없고, 도움도 되지 않는 속세를 떠난 사람을 위한 것으로 오해를 받는 경우가 태반입니다.

그러나 실제로는 깨달음만 얻으면 머릿속에서 이런저런 쓸데없는 생각을 하며 '자기'에게 얽매이는 일이 없어지기 때문에 일상생활이 엄청나게 행복해집니다.

결과적으로 타인과의 커뮤니케이션은 놀라울 정도로 원활해지고, 눈에 보이는 것은 또렷해지고, 귀에 들리는 것은 명확해지고, 신체 감각은 예민해지고, 먹을 때의 입맛도 한없이 깊어지고, 또 평상심을 기반으로 한 흔들리지 않는 판단력은 투명할 정도로 맑아집니다.

한편 마음을 어둡게 하는 잡념인 번뇌 에너지에 방해를 받으면 마음의 기능이 저하되어서 이른바 스펙이 떨어집니다. 그러므로 번뇌를 제거함에 따라 마음의 스펙은 확실히 향상될 것입니다.

여러분께 '깨달음을 목표로 하자.'고까지 말씀드릴 생각은 없습니다만, 3퍼센트라도 깨달음에 가까워지면 인간관계든 감각능력이든 3퍼센트만큼은 향상될 것입니다. 그것은 3퍼센트만큼 깨달음을 맛보게 된 것이라고 할 수 있습니다.

이 즐거움을 맛본 사람은 거의 없습니다. 실제로 마음의 정화에 도전한 적이 없기 때문에 '번뇌가 사라지면 인생이 심심해진다.'는 식으로 체험한 적이 없는 경지에 대해 망상하며 물러나버립니다.

그러한 마음의 함정에 빠지지 않고 번뇌의 땟국물을 닦아 마음의 스펙을 높이는 지혜를 터득합시다.

본 대로 들은 대로 느낀 대로

모든 실패의 원흉은 외부에서 들어온 정보를 머릿속에서 마음대로 개선하고 편집하여 이상한 이야기로 만들어버리는 우리들의 사고입니다.

　눈으로 본 것도, 귀로 들은 소리도, 그 순간에만 오롯이 집중하여 '그냥 본 것일 뿐' '그냥 들은 것일 뿐'이라고 생각하면 개선은 거기서 멈추고 쓸데없는 번뇌는 생기지 않습니다.

　그때의 상쾌함이나 충실감은 그 어디에서도 얻을 수 없는 '공空'의 순간입니다.

　보고, 듣고, 맡고, 맛보고, 만지고, 인식하는

　대상이 되는 이 여섯 종류의 사물에 대해

　봤을 때는 본 대로 두고,

　들었다면 들은 대로 두고,

　맡았을 때는 맡은 대로 두고,

　맛을 봤을 때는 맛본 대로 두고,

　만졌으면 만진 대로 두고,

　생각할 때는 생각한 대로 놔두고 멈춰버려야 한다.

소리를 듣고 욕망이나 화의 충동 에너지를 생산하는 사람은

자각적 조절력을 잃고,

마음이 이야기에 묶여 그것에 집착해버린다.

그에게는 소리가 만드는 다양한 스트레스인 이야기가 늘어나고,

또 그의 마음은 욕망이나 화에 의해 상처를 입는다.

이런 식으로 상처가 쌓이는 사람은

마음의 평안에서 멀어진다고 한다.

··· 중략 ···

염念 센서에 의해 자각적으로 소리를 듣는다면

사람은 소리에 대해 욕망하거나 반발하지 않는다.

마음은 묶이지 않고, 그 소리에 집착할 일이 없다.

이런 식으로 소리를 듣거나 받아들인다면

그는 상처를 받지도 상처가 쌓이지도 않는다.

《마리래불경摩梨來佛經》

아는데 모르는 것

알았니?
이젠 덤비면
안 되는 거야.

음

그래,
덤비다니
고양이의 도에
어긋나는
일이니 하면
안 되지.

그래도
그만둘 수 없어.

꺄악

안 된다니까.

음, 정말로 고양이의
도에 어긋나네.

우리는 '하면 안 된다.'고 알고 있으면서도 그만두지 못합니다. '술, 담배를 끊고 싶은데' 끊지 못한다든가 '과식하고 싶지 않은데' 너무 많이 먹곤 합니다.

대인관계에서도 마찬가지입니다. 자기 자랑을 한다든가, 생색을 내는 것처럼 분명히 자기한테 부정적으로 작용한다는 것을 알면서도 해버립니다.

즉, 이것을 우리는 마음속 깊은 곳에서는 모르고 있다는 것입니다. 무지無知, 무명無明인 셈이죠.

불도란 이 '무지'를 돌파하여 의지대로 실행할 수 있게 하는 길입니다.

자살도 변화무쌍

데굴데굴 굴러다니며 변화를 멈추지 않는 사람의 감정은 실로 가을 하늘 같습니다. '그래, 이렇게 하자.'고 무언가를 결심했을 때의 조건은 시간과 함께 변합니다. 게다가 하고 싶었던 것 자체가 잠시 후에는 전혀 하고 싶지 않은 것이 되어버릴지도 모릅니다. 어렸을 때와 어른이 되고 난 후 식성이 바뀌듯이 말이죠.

애초에 무언가를 '백퍼센트 진심으로 하고 싶은' 일은 없습니다. 아무리 '이렇게밖엔 할 수 없어. 무조건 하고 싶다.'고 생각한 것도 몇 퍼센트는 '역시 하고 싶지 않아.'라는 감정이 속에 숨어 있는 법입니다.

반대로 아무리 '절대로 하고 싶지 않다.'고 생각하고 있는 일도 몇 퍼센트는 '하고 싶을지도 몰라.'라는 감정이 숨어 있을지도 모릅니다.

지금 이 순간 어쩌다 '겉'의 감정이 눈에 띄었을 뿐이지 그것이 언제 '속'의 감정으로 뒤바뀔지는 예측할 수 없습니다.

이처럼 매사가 계속해서 쉴 새 없이 변하는 것을 '무상'의 진리라고 합니다.

따라서 이끌어낼 수 있는 결론(중 하나)은 너무 지나치도록 결정적인 일이나 되돌릴 수 없을 것 같은 행위는 피하는 것이 좋다는 것입니다. 그 이유는 얼마 안 가서 마음이 바뀌면 반드시 후회할 것이기 때문입니다.

그리고 마음이 바뀌기 전에 달성할 수 있는 가까운 목표를 설정하여 착실하게 해나가는 것이 바람직합니다. 과도한 목표는 독이 될 뿐입니다.

쇠는 뜨거울 때 두드려라

처음에는 흔쾌히 약속을 잡았는데 막상 약속한 날이 다가오자 점점 귀찮아지거나, 가기 싫어진 경험은 누구에게나 있을 것입니다.

　사람의 '하고 싶은 일'이라는 것은 '인연'에 의해 움직이는 것이기 때문에 1주일 전에 하고 싶었던 일조차 조건이 달라지면 '하고 싶지 않은 일'로 바뀌어버리는 경우도 있습니다(실제로는 마지못해서 해봤더니 역시 재미있었다는 경우도 많지만요).

　이 또한 '제행무상' 때문입니다.

　1주일조차 그러한데 먼 장래의 목표를 세우는 것은 아무런 의미가 없을뿐더러 오히려 해롭다는 것이 불교의 입장입니다.

　'장래의 목표' 때문에 '지금'이라는 시간을 계속해서 희생하지만 수십 년 후 그 목표가 이루어진다 해도 그때는 그 목표가 '하고 싶지 않은 일'로 바뀌어버릴지도 모르기 때문입니다.

　그러므로 그런 생각이 식기 전에 해야 할 일은 해야 합니다. '쇠는 뜨거울 때 두드려라.'라는 말이 이런 상황을 두고 하는 말입니다.

그 밖에 다른 생각

슬프고 괴로워서
견딜 수가 없어요.

흠

그 감정도 무상이니
그러다 사라진단다.

그런데 계속
슬프단 말이에요.

계속 슬픈 것 외에
다른 생각은
하지 않았니?

초콜릿이랑
과자도
생각했죠.

헤헤

계속해서 고민만 하고 있는 것은 인간한테는 불가능합니다. 줄곧 고민만 한 것 같아도 그 사이사이에 다른 즐거운 일에 마음이 갔다거나, 아무려나 상관없는 일을 떠올리는 식으로 기분은 언제나 제행무상입니다.

그 증거로 슬픔이 찾아오면 그 슬픔 외에 다른 것은 생각하지 않도록 의식을 집중해보십시오. 5분 동안만이라도 성공했다면 어떤 의미에서 당신은 존경받을 만한 가치가 있습니다.

감정이란 그렇게 무책임하면서 불확실한 것입니다.

맥 빠지는 환멸

옛날 주인한테
심한 학대를 받아
트라우마가
있어요.

흠.

야옹.

이리 와.
환멸을
느끼게
해줄게.

바보야!

찰싹

옛날
주인이
저 아저씨?

형편없는 졸장부 같아서
환멸을 느꼈어.

여러분의 기억 속에도 '둘도 없이 싫은 놈'으로 기분 나쁘게 기억되며 마음의 앙금으로 남아 있는 사람이 반드시 있을 것입니다. 오랫동안 만나지 않았다면 머릿속에서는 멋대로 '대악인'으로 각색되어 생각날 때마다 불쾌해지겠죠.

　그런데 오랜만에 만나보았더니 대악인은커녕 그저 평범한 소시민이어서 맥 빠지는 환멸을 느낄 때가 있습니다. 사실은 고민거리가 없어져서 행복할 텐데 말입니다.

태연한 꼬마 구름

"구름이 싫다."는 말은 불교의 심리분석학적 입장에서 말씀드리자면 단순한 소리라는 물질입니다. 그것을 귀라는 기관으로 인식하고 나서 불쾌해지거나 화가 나기 위해서는 '싫다'는 것은 단순한 소리가 아니라 의미가 있는, 그것도 좋지 않은 의미의 말이라든가, 인간의 목소리에 의한, 그것도 나무라는 듯한 말투였다는 등 스스로도 깨닫지 못할 정도의 속도로 정보를 처리할 필요가 있습니다.

즉, 머릿속에서 정보처리만 하지 않아도 불쾌해지지 않는 것입니다. 이런 이유로 불교에서는 불쾌해지는 것은 상대 탓이 아니라 자업자득 이라고 가르치고 있습니다. 자기가 일부러 정보처리를 하는 회로를 만들어서 자기를 불쾌하게 만들고 있기 때문입니다.

실은 순식간에 그러한 정보를 처리하기 위해서는 (그 속도를 굳이 말로 표현하자면 무서울 정도입니다) 에너지를 대량으로 낭비하지만, 그 대신 얻을 수 있는 것은 불쾌해짐으로써 불쾌물질이라는 이름의 독이 온몸을 돌아다니는 것뿐입니다.

고로 '단순한 소리에 지나지 않는다'며 정보처리를 멈추는 것은 에너지 절약과 더불어 독도 막는 것이니 일석이조가 따로 없습니다.

귀를 알고, 소리를 알고, 또 그 두 가지로 인해 속박이 생기는 것을 안다.

아직 생기지 않은 속박이 어떻게 생기는지 알고

이미 생긴 속박이 어떻게 끊기는지 알고

끊긴 속박이 장차 어떻게 생기지 않는지를 안다.

《대염주경大念住經》 33절

불교에서 귀는 '소리를 인식하는 기능' 정도의 의미이고, 소리는 귀로 인식되는 물질로서의 소리라는 의미입니다.

백퍼센트 무조건은 없다

마음을 자세히 살펴보면 아무리 '이건 무조건 해야 돼.' '이건 절대로 하고 싶어.'라고 생각하는 것도 그 감정의 이면에는 반대 욕구가 숨어 있다는 것을 알 수 있습니다. 어쩌다 두 개의 극단적인 감정 중 하나가 겉으로 드러났을 뿐이지 계기만 있으면 언제든 이면에 숨어 있던 감정이 겉으로 드러나 정반대되는 감정으로 뒤바뀔 수도 있습니다.

누구든 그럴 수 있으니, 만약 다른 사람이 의견이나 생각을 뒤집었다고 해서 그것을 비난할 것이 아니라 '그래, 감정이란 바뀌는 게 당연하니까 저러는 것도 자연스러운 일이야.'라고 가볍게 받아들이면 됩니다.

자기 자신이 '무조건 이렇게 해야 돼.'라고 생각하고 있는 것에 대해서는 '실은 무조건이 아니라 몇 퍼센트, 몇 십 퍼센트는 반대 감정도 있을 거야.'라고 확인함으로써 냉정하면서 차분한 마음을 되찾을 수 있을 것입니다.

'무조건 해야 돼.'라는 것은 감정에 쫓기는 것입니다. 그것으로부터 벗어나는 것이야말로 진정한 '자유'입니다.

움직이는 마음

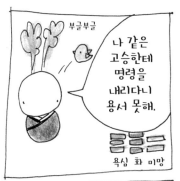

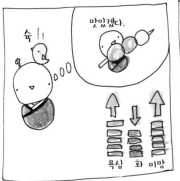

마음은 제행무상, 이리저리 끊임없이 옮겨 다닙니다. 일관성이고 뭐고 없습니다.

　마음으로 '싫어, 싫어!', 즉 화의 어두운 에너지가 밀려들어온다고 합시다. 말하자면 '싫어, 싫어!'라는 이름의 이방인이 마음에 난입한 것인데, 이 이방인도 거기에 계속 눌러앉는 것은 아닙니다. 하지만 어디론가 사라지는가 싶었는데 이번엔 친구들까지 데리고 다시 쳐들어오는 경우도 종종 있으니 방심해서는 안 됩니다.

　감정이 격해진다거나 약해지는 것은 마치 복통이 밀려왔다가 밀려나가고, 다시 밀려오는 것과도 비슷합니다.

　그런데 마음을 관찰하는 '심수념心隨念'의 재미있는 점은 화라는 이름의 이방인이 마음에 불법 입국했을 때 어떻게 화가 생기고 강해졌다가 이윽고 약해져서 물러가고, 또다시 돌아와서 강해지는지, 그 흐름을 계속 쫓아가다 보면 '쳇, 내 마음이라는 것이 제행무상이라서 조절 불능인 채 아무렇게나 변하고 있구나.'라고 스스로 바보스러워진 것을 안다는 것입니다.

　그러나 바보스러워진 것도 자기 자신. 그런 바보스러움은 싹 날려버리면 됩니다.

1분만, 하루만 계속법

그만두는 것은 언제든 할 수 있습니다. 중요한 일을 '그만둘 것 같은' 마음이 생겼을 때 그 마음의 계략을 피하기 위한 '계속법'을 말씀드리겠습니다.

그 도구가 바로 불교의 정수인 '제행무상'입니다.

일이나 학업 등 가능하면 꾸준히 계속하는 것이 좋은데 계속할 기력이 없어질 것 같을 때 '앞으로 10년만 더 계속하자.'라고 생각하는 것은 불가능할 뿐만 아니라 그런 생각만으로도 기분이 우울해질 것입니다.

하지만 '앞으로 1분만 더.' '앞으로 5분만 더.' '앞으로 하루만 더.'라고 연장시키는 것이라면 의외로 간단합니다. '앞으로 5분만 더 하면 끝낼수 있으니 마음을 편하게 먹고 열심히 해보자.'라는 마음이 생기기 때문입니다.

여기서 중요한 것은 그 5분이든 10분이든 열심히 하고자 마음먹은 시간을 충실히 보냄으로써 기분이 바뀌어 밝아진다는 것입니다. 그러면 '좀 더 계속해도 될지 몰라.'라는 기분이 들 수 있으니까요.

마음이란 지조가 없고 이리저리 움직여 다니는 제행무상 그 자체입니다. 조금만 기다리면 사라질 것에 지나지 않는 어둡고 부정적인 마음 상태에서 중요한 결단을 내려서는 안 됩니다.

이처럼 의욕이 사라지려고 할 때 '앞으로 5분만 더.' '앞으로 10분만 더.' '앞으로 하루만 더.' '앞으로 1주일만 더.'와 같은 식으로 단위를 잘게 쪼개면서 계속하는 것을 반복하다 보면 10년이든 20년이든 훌륭하게 계속할 수 있을지도 모릅니다.

무아의 직장인

'자기의' 직장이라는 자의식만 없으면, 혹은 그 의식이 옅으면 조금은 무아의 상쾌함을 맛볼 수 있습니다. '자기 직장'이라는 생각만 개입되지 않으면 훨씬 더 즐겁고 훌륭하게 일솜씨를 발휘할 수 있습니다.

　'자기 회사'이니까 이래야 된다, 저래야 된다, 이렇게 하지 않으면 안 되는데 왜 저 사람은 내 생각대로 하지 않을까? 그런 개운치 않은 생각을 할 필요도 없거니와 쓸데없는 고민도 하지 않고 가볍게 일할 수 있습니다.

　그러면 일을 훌륭하게 마무리 지을 수 있어서 옆에서 보기에도 아름다운 모습입니다.

　'언젠가는 죽는다.'는 생각을 하고 살면 삶의 질이 높아진다고들 하는데 '언젠가는 일을 그만둔다.'고 제행무상을 생각함으로써 일에 집착하지 않고 가볍게 일할 수 있지 않겠습니까?

　'언젠가라는 날이 내일일지도 모르고, 몇 십 년 후일지도 모르지만, 때가 되면 이 일은 그만두게 될 테니 나는 한때의 나그네에 지나지 않는다.'

　사장이든 전무든 부장이든 과장이든 평사원이든, 이런 생각으로 일한다면 조금은 무아가 실현된, 환기가 잘되는 직장이 될 것입니다.

무아 터득하기

듣기만 해도 무의식적으로 기분 나쁜 생각이 떠올라 반사 신경을 작동시키는 말, 누구에게나 한두 개쯤은 있을 것입니다. 반대로 듣기만 해도 쾌감을 느끼는 말도 있을 것입니다. 그런 반응 패턴, 즉 자동적으로 일으키는 반응에는 선택의 여지도 자유도 없습니다.

① 소리＝말을 듣고
② 말에서 의미를 연상하여
③ 쾌락 혹은 괴로움을 느끼면
④ 욕망이나 화의 충동적 번뇌 에너지가 생긴다.

이 네 가지 프로세스는 우리의 예측과 관계없이 자신의 업에 반응하여 거의 자동적으로 일어납니다. 원래는 단순한 소리였는데 머릿속에 있는 편집부가 그것을 편집하여 이야기를 만들어버리는 것입니다.

우리들에게 자유가 있다면 이 편집부에 개입하여 자동 편집된 이야기를 없애야 합니다.

①이나 ②의 단계에서 차단하여 없애는 것은 좌선의 명상 상태가 아

니년 어렵지만, 통상적인 의식 상태에서도 ③의 단계에서 없애는 것은 가능합니다.

이야기가 각색되고 윤색되기 전에 '아, 고픈다, 고, 고.' '아, 낙樂이다, 낙, 낙.'이라고 염하는 것에 의해 거기서 멈춰야 합니다. '고라서 파괴하고 싶다.' '쾌락이니까 더, 더!'라고 연쇄반응을 일으키지 않도록 '〜이니까'라고 느끼기 전에 없애는 것입니다.

즉, 머릿속 편집부라는 상스러운 존재에 굴하지 않고 욕망이나 화의 이야기에 춤추지 않는 고상한 '자기'를 만드는 것입니다.

쩍쩍이가 '참새구이'라는 말을 듣자마자 자동적으로 언짢은 것을 연상하며 혐오감을 느낀 이유는 무아 때문입니다. 즉, '자기를 조절하는 주인으로서의 나'가 존재하지 않기 때문입니다. '나'는 자기의 주인이 아니라 오히려 머릿속 편집부에 혹사당하는 노예 같은 신분입니다. 그것이 '무아'의 의미로서 적절할지도 모릅니다.

이처럼 '무아'라는 진리는 '나'에게 있어서는 '내가 주인이다.'라는 망상을 파괴하는 무섭도록 충격적인 사실이지만, 이 싫은 진리의 충격력을 직접 받아야지만 그 충격의 추진력에 의해 사람의 마음은 심층에서부터 바뀔 수 있습니다.

머리로만 이해하려고 해서는 안 됩니다. '우와, 내가 존재하지 않는다니, 싫어.'라는 충격과 함께 체감하지 않는 한 절대로 이해할 수 없을 테니까요.

제대로 꼼꼼하게 마음의 네 가지 프로세스를 체크하고 '우와, 내가 노예 같은 존재군.'이라고 충격을 받을 수 있다면 비로소 그 충격이 심층 심리까지 도달해 '나, 나.'라고 구애받는 망상이 옅어집니다.

오온무아관수습 五蘊無我觀修習

자기, 나라는 것은 여기에 존재한다고 믿고 있는 것일 뿐, 사실 그런 것은 어디에도 없다. 즉 '무아'라는 것이 불교의 진수 중의 진수입니다.

'무아'를 조금이라도 터득하면 아무리 귀찮은 일도 얽매이지 않고 논다는 기분으로 자유롭게 소화할 수 있습니다. 왜냐하면 '내가, 내가, 나의, 나의'라고 있지도 않은 '나'라는 신기루에 매달리려고 하기 때문에 고통이 생긴다든가 일에 실패한다든가 행동거지가 난잡해지는 것이니까요.

이것을 철학적으로 공부하거나 이론만을 듣고 '음, 그래, 무아인가.'라고 생각하는 것은 간단하지만 진심으로 납득하여 무아를 터득하기 위해서는 연습이 필요합니다.

그 연습법 중 하나는 우리의 몸과 마음을 분해하여 그중 어디를 찾아

봐도 '나'의 생각대로 되는 것이 없다는 것을 철저하게 관찰하는 방법입니다.

우리가 '이것이 나야.'라고 생각하기 쉬운 것을 불교에서는 다섯 종류로 해부해서 보여줍니다.

색色, 수受, 상想, 행行, 식識.

즉 색(몸), 수(쾌快 · 고苦의 감각), 상(기억 · 지식 · 개념), 행(의지 · 충동), 식(인식 · 정보 수신).

평소 제대로 관찰하지 않고 그저 막연하게 살면 몸도, 즐거움과 괴로움도, 기억도, 의지도, 인식도 '자기 것'으로 착각하지만, 자세히 관찰해 보면 그중 어느 하나도 '자기'는 조절할 수 없다는 것을 알게 됩니다.

일상생활 속에도 그것을 관찰할 수 있는 기회는 얼마든지 묻혀 있으니 '생각대로 되지 않는구나.'라는 감각이 찾아오면 '아아, 내 것이라고 생각하고 집착하고 있었는데 내 생각대로 되지 않으니 확실히 내 것이 아닌가 보다. 확실히 무아야.'라고 알아차리는 기회로 삼아야 합니다. 그러면 '나'라는 망상이 옅어지고 마음이 깨끗해질 것입니다.

감각(수)의 무아

기분은 자기 힘으로 만든 것이 아닙니다. 멋대로 왔다가 가는 손님에 지나지 않습니다. 그 손님을 억지로 붙잡아두고 자신의 노예로 삼으려고 한다면 그것은 범죄입니다.

그런데도 기분이 사라지려고 하는 것을 놔주지 않고 '이 기분은 내 거야.'라고 훔치려고 하니까 그 벌로서 그에 상응하는 괴로움을 맛보게 되는 것입니다.

'수受'=기분이란 눈, 귀, 코, 입, 신체 감각, 의식으로부터 정보를 받아들였을 때 느끼는 쾌快 · 고苦를 의미합니다. 들어온 정보를 근거로 쾌 · 고의 감각을 만들기 때문에 그 쾌 · 고를 근거로 더욱 복잡한 정보처리를 하여 여러 가지 마음을 발생시킨다는 것이 인간이라는 생물의 내실입니다.

그런데 기분 좋은 '낙수樂受'도, 괴로운 '고수苦受'도 인간은 '이것이야말로 내 감각입니다.'라고 집착하는 경향이 있는데, 어느 것이나 자기가 기분 좋다고 느끼고 싶어서 느끼는 것도 아니고, 괴롭다고 느끼려고 해서 괴로운 것도 아닙니다. 단지, 당근을 싫어하는 아이가 당근을 먹으면 자동적으로 '괴롭다.'고 느끼도록 자동적인 반응으로서 '아, 이건 기분 좋아.' '아, 이건 괴로워.'라고 느낄 뿐입니다.

그러므로 쾌나 고의 감각은 자기가 만들 수 있는 것이 아니고, 자기의 소유물도 아니고, 단지 왔다가 사리지는 것일 뿐입니다. 그것을 알면 집착도 약해지고 '자기'라는 무시무시한 것의 농도도 옅어질 것입니다.

기억(상)의 무아

무엇 때문에 하필이면 그 타이밍에 그 생각을 떠올렸을까요? 그렇게 떠올린 생각 때문에 의식이 산만해지거나 의욕이 떨어지는데도 말이죠.

어쩔 수 없습니다. 우리의 마음을 구성하는 네 가지 부문 중 하나인 '기억'은 우리가 조절할 수 없는 부문이니까요.

이 부문을 기억이 모인다는 의미로 '상온想蘊(어떤 일이나 사물을 마음속에 받아들이고 상상해보는 여러 가지의 감정과 생각)'이라고 합니다.

감각을 통해 뭔가 새로운 정보가 들어오면 우리들의 마음속에서는 순식간에 과거의 기억을 총동원하여 '가을, 그렇다면…….' 하고 연상 게임을 가동시키게 되어 있습니다.

사실, 우리의 의지와는 상관없이 그러한 연상 게임이 마음속에서 제한 없이 실행되고 있기 때문에 우리의 머릿속 이야기는 슬퍼지고 싶지 않은데 슬픈 생각에 잠기거나, 지금은 적극적으로 진행하고 싶은데 부정적인 정보가 떠올라서 의욕을 잃게 하는 일들이 종종 일어나는 것입니다.

이러한 기억, 바꿔 말하면 머릿속에 담아두었던 개념에 집착하는 정도, 마음속에서 매듭지어져 있는 정도가 강하면 강할수록 우리들의 마음은 농락당하게 됩니다.

이를테면 남성이 여성의 가슴 크기에 집착하는 것은 흔히 있는 현상인데, 그것은 여자를 볼 때마다 자동적으로 '가슴의 크기'라는 개념적인 기억이 되살아나 연상 게임을 시작하기 때문입니다. 그러면 모든 여성을 가슴 크기로만 판단한다는 비참한 상태에 빠지겠죠.

'～은 역시 ○○가 최고지.' '～주제에' '역시 ～라니까.'와 같은 비뚤어진 발상은 모두 기억의 연상 게임에 집착하는 것에서 온다고 할 수 있습니다.

그러나 이러한 기억은 모두 우리의 생각과는 상관없이 저절로 솟아오르는 것에 지나지 않습니다. '우리 것'으로만 보이는 것도 '내 기억이야.'라고 관리할 수 있는 것이 아닙니다.

기억의 무아. 붙잡고 있으면 흐름이 나빠져서 막혀버립니다.

물은 흘러가는 대로 맡겨두고, 바람은 잘 통하도록 해두어야 되겠죠.

의지(행)의 무아

넋을 놓고 멍하니 있을 때도 '이건 내 의지야.'라고 붙잡아놓고 싶어지지만, 그 의지가 정말 우리의 소유물일까요?

지금 하고 싶다고 생각하고 있는 것은 무슨 일이 있어도 꼭 하고 싶은 일입니까?

혹은 오늘 당신이 한 말은 진심으로 하고 싶어서 한 말입니까?

혹은 지금, 당신이 마음속으로 생각하고 있는 것은 정말로 그렇게 생각해보고 싶어서 스스로 생각하고 있는 것인가요?

정말로 하고 싶니? 진짜, 정말로? 그게 너의 확실한 의지야? 너 자신의 의지 맞아? 그걸 진짜로, 정말로, 무조건 하고 싶단 말이지? 소중한 사람에게 상처를 입힐지도 모르는데?

진지하게 파고들며 시간을 두고 검토해보면 대답은 반드시 '아니요.'가 되곤 합니다.

의지라는 것은 무의식의 밑바닥에서 아무렇지도 않게 솟아 올라와서는 또 아무렇지도 않게 우리들을 몰아세웁니다. 의식의 표면으로 찾아와서는 잠깐 머물러 있지만 영원히 눌러앉지는 않습니다. 잠시 머물다가 작별을 고하고 사라져버리는 것입니다. 즉, 우리들의 소유물이 되어

주지 않습니다.

의지가 찾아왔다가 사라지는 것을 알아챌 때마다 '의지는 무아이지 나의 소유물이 아니구나.'라고 의식하는 훈련을 되풀이하게 됩니다.

그럼 의지의 충동질에 몰리기 전에 의지의 내용을 점검하는 여유가 길러집니다. 의지에 놀아나서 이상한 짓을 저지르는 것에서 자유로워질 수 있습니다.

인식(식)의 무아

오온, 즉 인간이 '이것이 나.'라고 착각하기 쉬운 다섯 가지 요소 중 마지막 '식識'입니다. 식이란 눈, 귀, 코, 혀, 몸, 뜻이라는 여섯 개의 문을 통해 색色, 성聲, 향香, 미味, 촉觸, 법法이라는 여섯 가지 대상을 포착하는 기능, 즉 인식 기능입니다.

자기가 본 것, 자기가 들은 소리, 자기가 맡은 냄새, 자기가 맛본 풍미, 자기가 만진 감촉, 자기가 생각한 생각이라는 식으로 여섯 개의 문에 무언가가 찾아온 순간 '내가'라는 도깨비가 태어나서 그때마다 '나'가 강화되고 나라는 농도가 짙어지는 구조로 되어 있습니다.

그러나 조금만 생각해봐도 인식이 자기 것이라고는 도저히 말할 수 없다는 것을 알게 됩니다. 눈을 뜨고 있으면 많은 것들이 제멋대로 보이고, 귀를 막지 않는 한 온갖 소리들이 연이어서 들리고, 코를 막지 않으면 어떤 냄새든 늘 찾아오고, 혀도 실은 먹지 않을 때조차 계속해서 침을 삼키며 맛보고 있고, 몸의 표면에서는 공기나 옷을 비롯해 다양한 것들이 닿아 끊임없이 감각이 생기고, 몸속에서도 다양한 반응이나 감각이 계속해서 생기는 것을 닥치는 대로 인식하고 있습니다.

그리고 무엇보다도 제6식인 의식은 우리의 사정 따위는 아랑곳하지 않고 조절이란 걸 모른 채 연달아서 다양한 생각을 멋대로 붙잡아옵니다.

이리하여 오온을 전부 봐도 자기 따위는 어디에도 보이지 않습니다. 있지 않은 것을 있다고 착각하고 싶어서 시간과 돈을 들여 자기를 계속 자극하면서 자기 이미지를 만들어가고 있는 것이 우리의 모습입니다.

참으로 비싼 대가를 치르는 처지에 놓인 것입니다.

지혜와 자비는 비례한다

누군가에게 기분 나쁜 말을 듣거나 누가 나를 비방하는 글을 봤을 때 우리들은 화를 냅니다. 상대방이 자기를 향하고 있는 그 악의를 즐기고 있는 듯한 기분이 듭니다.

　하지만 그것은 착각입니다. 편견입니다. 망상에 지나지 않습니다. 상대방이 악의를 품은 배경에는 반드시 뭔지 모를 '고'에 몰려서 안절부절 못하게 된, 거의 무의식적인 충동이 있는 것입니다.

　뭔지 모를 고란 자기의 입장이 위협받고 있다고 느낀다든가, 나에게 받은 불쾌감 때문에 짜증이 나 있다든가, 혹은 자신감이 없어서 나에게 해코지를 하고 폼을 잡고 싶다든가…… 온갖 것들을 생각할 수 있습니다.

　그 괴로움을 해소하려고 발버둥친 결과가 악의입니다만, 그에게는 유감스럽지만, 악의를 타인에게 드러낸 탓에 악업을 쌓아 심층의식에 화를 새기고, 괴로움의 씨앗을 더욱 늘리게 될 뿐입니다.

　상대방이 품은 악의의 배후에 그러한 마음의 법칙이 작용하고 있다는 진리를 꿰뚫어보는 지혜를 터득하면 더 이상 '화가 치미는' 기분을 느낄 일은 없습니다.

상대방의 괴로움을 지혜로 이해하면 너무나도 자연스럽게 담박한 느낌으로 '그래, 좋아. 가엾게도.'라는 온화하고도 상쾌한 감정이 솟아오릅니다.

동정심, 즉 자비 중에서 '비悲(중생의 괴로움을 없애주는 것. 또는 즐거움을 주는 것)'의 마음입니다.

'고'의 법칙을 지혜의 수준에서 터득할 수 있으면 타인의 악의에 대해 점점 화가 나지 않고, 상쾌한 '비심悲心'에 의해 선뜻 받아들여서 흘려보낼 수 있게 됩니다.

즉, 지혜와 자비는 비례합니다.

측은지심

자비의 '비'는 '불쌍하다, 가엾다'는 감정입니다. 그 감정은 욕망이나 화와 같은 부정적인 감정을 없애주는 해독제로서 종종 도움이 됩니다.

　단, "늘 화를 내고 있다니 불쌍한 사람이야."라고 말할 때의 '불쌍하다'에는 자비의 '비'의 감정은 거의 없습니다.

　유감스럽게도 '불쌍하다'는 말은 기분이 나빠진 자기를 방어하면서 상대방을 밀어내는 데 사용되는 경우가 많은 것 같습니다. 불쾌해져서 화가 나 있는 자기를 인정하고 싶지 않아서 '불쌍하게도' 따위로 상대방을 생각해주는 척하고 있는 것입니다.

　사기꾼……. 속세의 '동정'은 속임수일 뿐입니다.

　그렇게 쓰이는 경우가 많기 때문에 그 진가를 보지 못하는 것은 어쩔 수 없지만 가짜가 아닌, 진심어린 동정심에서 우러나온 '불쌍해'도 의외로 가까운 곳에서 볼 수 있습니다. 하긴 우리 자신도 욕망이나 화에 끌려 다니며 흥분하기도 하고 침울해지기도 하니 불쌍하긴 마찬가지죠. 가끔은 자기를 조금은 동정해보기를 권하는 바입니다.

　즉, '나도 불쌍해. 암, 그렇고말고.'라고 스스로를 위로해보는 것도 좋습니다. 그러면 다른 생물들도 자기와 마찬가지로 이리저리 끌려 다니며 고된 삶을 살고 있다는 것이 돋을새김처럼 떠오릅니다. 그런 생각이 떠오르면 나와 가까운 소중한 그를 '불쌍해라.'라고 생각해주시기를 바랍니다.

그러한 따뜻한 감정이 심신을 에워싼다면 그것이 당신의 몸과 마음을 가볍고 온화하게 만들어줄 테니까요.

자비를 베푸는 지혜

우리들은 상대방의 사정을 제대로 모르면 모를수록, 즉 무지할수록 쉽게 화를 내게 되어 있는 모양입니다. 게다가 상대한테 관심이 없으면 없을수록 처음부터 상대의 사정 따위는 알고 싶지도 않고 알려고도 하지 않기 때문에 어쩔 도리가 없습니다.

제대로 알려고 하지 않을 때 상대방이 즐거워하고 있는 것처럼 보이면 화가 나고, 상대방이 즐겁지 않고 괴로워하고 있는 것처럼 보이면 화가 나지 않는 기묘한 현상이 일어나곤 합니다.

이를테면 교통사고가 일어날 뻔했을 때 상대방이 휴대전화를 만지작거리면서 놀고 있는 것처럼, 즉 즐기고 있는 것처럼 보이면 '운전하면서 장난이나 치고 있단 말이지!'라는 감정이 일어납니다만, 만약 상대방이 휴대전화를 만지고 있던 이유가 뭔가 중요한 일 때문이었거나, 동정할 만한 일 때문이었다는 것을 알게 되면 화를 낼 수 없습니다.

여기서 배울 수 있는 교훈은 우리 인간이라는 프로그램에는 잠재적으로 상대방의 낙을 증오하고('장난이나 치고 있단 말이지!'), 상대방의 고를 바란다('불쌍해.')는 장치가 되어 있다는 것입니다.

이 장치에 조종당하는 부자유스러움을 극복하고 타인에게 다정해지기 위해서라도 '자비를 베푸는 능력', 그리고 그러기 위한 기초적인 능력으로서 '지혜를 발휘하는 능력'을 단련하는 것이 중요하다고 할 수 있습니다.

깨달음이 주는 것

사람은 늘 '기분 좋다.' '괴롭다.' '이도 저도 아니다.'라는 세 가지 자극을 끊임없이 받으면서 살고 있습니다. '기분 좋다.'는 자극은 좀 더 갖기를 바라며 끌어당기고, '괴롭다.'는 자극은 싫으니까 꺼지라고 밀어내고, '이도 저도 아니다.'에 대해서는 망설이고 방황합니다.

　그런데 깨닫고 나면 '기분 좋은' 것이 전혀 없는 것은 아닐까라는 오해도 할 수 있지만, '기분 좋다.'를 평소보다 훨씬 깊고 섬세하게 있는 그대로 맛볼 수 있게 됩니다. 깨달음이 열리면 '기분 좋다.'고 느껴도 욕망의 번뇌 에너지가 나오지 않습니다. 욕망이라는 이름의 잡념에 사로잡히지 않고, 그저 오로지 '기분 좋다.'를 남기지 않고 있는 그대로 구석구석까지 다 맛봅니다. '기분 좋다'를 그때그때 깨끗이 먹어치우기 때문에 업이라는 이름의 잔반이 나오지 않는 것입니다.

　욕망의 결함에 대해서는 이제까지 몇 번이나 말씀드렸습니다만, 일전에 명상을 하다가 욕망의 치명적인 결함을 깨닫게 되었습니다.
　욕망이란 요컨대 눈, 귀, 코, 혀, 몸, 뜻이라는 6감으로 들어오는 자극에 대해 '더 갖고 싶다, 맛보고 싶다.'는 것인데, 너무나 충격적인 것은 욕망에 물든 마음이 무언가를 맛볼 때 본래 거기에 있던 자극을 그냥 대충 인식하고 만다는 것입니다. 즉, '맛보고 싶다.'는 잡념 탓에 오히려 백 퍼센트 맛보지 못하게 되는 것입니다.

욕망을 약화시킬수록 진정한 '기분 좋음'을 섬세하고도 여실히 맛볼 수 있다고 할 수 있습니다.

두뇌 중독

욕망이나 화에 말려들었을 때 그 마음은 물질을 만들어냅니다. 이렇게 말하면 괴상하게 들릴지도 모르지만 이것은 고래로 불교의 기본적인 사고방식입니다.

납득할 수 없는 분도, 마음이 쾌락을 느끼면 뇌에 신호가 보내져서 도파민이 분비되고, 불쾌함을 느끼면 노르아드레날린이 분비된다는 과학적인 설명을 하면 납득할 수 있을 것입니다. 어쨌든 마음의 작용에 의해 새로운 물질이 계속 생기면서 우리의 몸을 끊임없이 재편성하고 있습니다.

우리처럼 명상을 습관화하고 있고, 신체 감각이나 마음의 움직임을 추적하는 데 길들여져 있으면 욕망이 생길 때는 도파민으로 여겨지는 물질이 몸속을 돌아다니고 있는 것을 느낄 수 있고, 화가 날 때는 노르아드레날린이라 여겨지는 물질이 몸속을 돌아다니는 것을 실제로 느낄 수 있습니다.

그리고 실은 의식을 제대로 집중해서 느껴보면 도파민이건 노르아드레날린이건 둘 다 괴롭다는 것을 알게 됩니다.

그 괴로움을 원동력으로 삼아서 경쟁하거나 싸우거나 일에 몰두하는 사람이 너무 많은 것 같습니다.

욕망이나 화의 반발심에는 확실히 순발력이 있습니다. 으드득으드득, 억지로 끌고 나가는 힘이.

하지만 그것은 늘 자기를 손상시키면서 과거에 쌓아놓은 마음의 에너지를 소모시키는 괴로움의 연속입니다. 억지로 끌고 나가는 것에 대한 대가로서 섬세하고 세심한 손길이 가는 작업은 할 수 없게 되고, 조잡한 에너지가 자기를 갉아먹는 것입니다.

그러기에 얼핏 사회적으로 성공한 것처럼 보여도 욕망이나 화로 인한 스트레스가 너무 쌓여서 쓰러져버릴 것 같은 것을 막으려고 술을 마신다든가 과식, 타인의 험담, 자기 자랑 등을 하며 도망갈 수밖에 없는 것입니다.

게다가 이런 괴로운 도파민과 노르아드레날린을 너무 상용해서 길들여지면 그런 것들이 없으면 기운이 나지 않는다는 생각에 쉽게 사로잡히게 됩니다. "욕망이나 화가 생긴 것도 아닌데 의욕이 없어."라는 판에 박힌 불평처럼.

그러나 실제로는 많은 사람들이 모르고 있을 뿐, 도파민도 노르아드레날린도 나오지 않는 상태를 만들어주면 이번엔 다른 물질이 생성되어 심신의 안정성이 비약적으로 높아집니다. 그러면 매우 적확하게 사리를 판단할 수 있고, 섬세한 작업을 할 수 있게 됩니다.

일체개고 체험법

불교에서는 사성제, 즉 네 가지 위대한 진리 중 첫 번째가 '고'이고, 혹은 삼법인三法印, 즉 세 가지 근본 교의教義 중 하나가 '일체개고一切皆苦'라 해서 어쨌든 '고'를 핵심 가르침으로 삼고 있습니다.

불교에서는 왜 이렇게도 괴로움이 대두되는 것일까요? 저도 수행에 정진하기 전에는 솔직히 잘 몰랐습니다.

일체개고, 모든 것이 고통이야, 라는 말을 들었을 때 일반적으로 볼 수 있는 반응은 "그래, 인생에는 고통도 있지만, 즐거움도 있고, 고락이 있으니 인간인 게지."라는 판에 박힌 말로 대표되는 미적지근한 반응이 아닐까요?

그 판에 박힌 말이 완전히 틀렸다는 것은 아니지만, 그래도 그것은 조금 과녁을 비켜가긴 했습니다. 오히려 낙을 바란다면 실은 그런 미적지근한 말을 하지 말고, 충격적이고 '일체개고'인 진실을 맛보는 것이 지름길입니다.

지금부터 그 이유를 말씀드리겠습니다.

수행을 하러 태국에 갔을 때의 일입니다. 저는 흙길을 몇 시간이나 맨발로 걷고 있었습니다.

처음에는 발바닥이 지면에 닿을 때마다 고도 낙도 아닌 지극히 평범한 감각이 느껴졌고, 아주 드물게 뾰족한 돌멩이 같은 것을 밟았을 때 고통이 느껴지는 정도였습니다.

그런데 걷기 시작한 지 두세 시간쯤 흘렀을 때부터 길바닥에 떨어져 있는 작은 돌멩이를 밟을 때마다 통증의 고가 연이어서 엄습해오는 것이 느껴졌습니다. 한 걸음 한 걸음 밟을 때마다 고가 생기고, 그 발을 지면에서 들 때만 잠시 '휴~' 하고 낙이 되는 것을 느낄 수 있었습니다.

게다가 확인이라도 하듯이 부드러운 모래사장에 들어갔을 때는 '어쩌면 이렇게 아프지 않고 부드러울까?'라고 작은 행복을 맛보기도 했습니다.

그러나 이것은 사고가 만들어내는 사기. 막 걷기 시작했을 때 모래사장에 들어갔다면 낙도 고도 없는 감각을 맛보았을 텐데, 고의 눈금이 잔뜩 올라간 후에는 '아, 행복해.'라고 착각하는 것이니까요.

그때그때 고가 줄어드는 것에 의해 낙의 '환각'이 생기는 순간을 명상의 대상으로 삼고 진지하게 관찰하면 '우와, 낙이라는 것이 고가 줄어들었을 때 느낄 수 있는 착각일 뿐이구나.'라는 것을 충격과 함께 실감할 수밖에 없습니다.

즉, 낙이 없어도 고는 존재하지만 낙은 고가 없이는 존재하지 않는, 단순한 신기루였던 것이었습니다.

그리고 이제부터가 불교적인 안목입니다.

'앗, 낙이 신기루라니. 그렇다면 인간은 고만 느낄 수 있단 말인가? 일체개고구나!'라고 충격과 함께 실감하면 '낙을 원한다.'는 욕망이 압도적으로 약해질 것입니다(이론으로만 이해하면 마음의 표면만 바뀌어서 안 됩니다! 자기 스스로 어떤 형태로든 '우와, 즐거움은 사고의 사기야.'라고 체험하고 충격에 흔들리지 말아야 합니다).

맹목적으로 낙을 찾고 고를 피해 도망치는 마음으로는 정작 고경苦境 (어렵고 괴로운 처지나 형편)에 처했을 때 초조함에 도망치려는 결단을 내리기 쉽습니다. 혹은 조금 부추기기만 해도 들떠서 상대한테 이용당할지도 모릅니다.

반대로 고나 낙에 대한 집착이 약하면 고경이나 부추김에 반사적으로 반응하는 일이 없어집니다. 고경에 처해도 초조해하지 않고 담담히 해결책을 마련하고, 모든 일이 잘되고 있어도 들뜨지 않습니다. 어떤 일에든 흔들리지 않는 평상심을 손에 넣어야 합니다.

위선이라도 좋다

자원봉사를 하고 왔으니 칭찬해줘요.

잘했군, 잘했어.

흠 대단해.

칭찬을 받고만 싶어 하는 욕심쟁이라서 미안.

파닥파닥

반성하고, 앞으로는 두 번 다시 자원봉사 같은 건 안 할래요.

그래.

'기부 같은 건 위선이니까 그만두자.' 이렇게 생각하며 선행을 베풀지 않는 동기로 삼는 분이 세상에는 많은 것 같습니다. 그러한 사고의 흐름은 자부심으로 똘똘 뭉친 완벽주의에 오염되어 있는 것이라고 생각합니다. '내 욕심이 조금이라도 들어 있는 행위는 모두 위선적이라서 그만뒀다.'고.

하지만 그런 식으로 선행을 모두 잘라버리면 결과적으로 나쁜 행위만 선택하게 되지 않을까요? 즉, 욕망이나 화의 행위만을 선택하게 되는 것이죠.

30퍼센트 정도 선의가 들어가 있고, 70퍼센트가 욕심이라는 불순한 위선행위, 그것이 이상적이라고는 결코 말할 수 없습니다. 하지만 저의 책 《위선입문》에도 기술했듯이 98퍼센트 정도가 욕망뿐인 행위, 즉 '악'을 행하기보다도 30퍼센트 정도는 선의가 섞여 있는 위선 쪽이 훨씬 낫습니다.

솔직히 말해서 세상에 차고 넘치는 '선'은 거의가 위선입니다. 하지만 그 위선 덕분에 그나마 최악의 세상이 되지 않을 수 있었다고 생각하면 적어도 위선을 지키는 것부터 시작해야 하지 않을까요?

이를테면 '국민을 위한 정치.'라는 말은 위선이고, 대부분 뻔한 거짓말입니다. 그래도 '○○민족을 멸망시켜서 인류를 통일하자.'와 같은 슬로건보다는 훨씬 낫습니다.

사훈社訓이 '회사는 세상을 위해, 인간을 위해, 사원 모두를 위해.'라면 그것은 당연히 위선입니다. 하지만 '사회에 폐를 끼치고, 타인을 넘어뜨리고서라도 성공하자.'와 같은 위악적인 사훈보다는 훨씬 낫습니다.

결국 우리는 위선僞善으로부터 출발할 수밖에 없습니다. 그러나 욕망이나 화를 차차 제거해감으로써 같은 위선이라도 순도를 30퍼센트에서 40퍼센트로, 40퍼센트에서 50퍼센트로 높이는 것에 의해 위선僞善에 다가가는 것은 가능합니다.

'보시' 대신 얻는 투명감

기부에 서툰 사람이 많은 줄로 압니다. 고백하건대 저 또한 기부에 서툽니다.

왠지 모르게 위선인 듯한 느낌이 들어 못하는 것일 수도 있습니다. 실은 기부하는 행위에 위선이 섞여 있든 말든 몇 퍼센트의 위선과 더불어 몇 퍼센트의 순수성도 포함되어 있으니 꽁무니 빼지 말고 기부하면 된다고 말씀드리고 싶지만, 넘어야 할 장벽이 꽤 높은 것은 확실합니다.

태국에 수행하러 갔을 때의 일입니다. 제가 수행하는 곳인 삼림 사원森林寺院에 가려면 방콕이라는 대도시를 지나야 하는데, 거기는 외국인으로 보이면 다짜고짜 '바가지'를 씌우려는 사람들이 많았습니다.

아니나 다를까 택시나 바이크를 개조하여 삼륜자동차처럼 만든 '툭툭'의 운전기사가 몇 번이나 저를 속이려고 하는 것이었습니다.

그러나 저는 '조금 속는다고 해서 죽는 것도 아닌데, 이 사람들한테 보시한다 생각하면 되지 뭐.'라는 기분이었기 때문에 스트레스 같은 것은 전혀 없었습니다.

그때 이런 생각이 들었습니다. 기부나 보시에 서툰 사람은 어떤 계기로 바가지를 썼다든가 비싸게 주고 샀다고 후회가 될 때 '손해 봤어.'라고 생각하지 말고 '그동안 잘 못하던 보시를 할 수 있어서 다행이다.'라고 생각하면 되겠구나, 라고 말입니다.

쇼핑을 하고 나서 '이거 너무 비싸.'라고 투덜거리며 우울해질 것이 아니라 '원래 가격보다 비싸네.'라고 느끼는 만큼은 기부했다고 생각하며 인색한 기질을 극복해보는 건 어떨까요?

물건을 싸게 사서 이득을 보려고 안달이 나 있는 모습은 옆에서 보기에도 추할뿐더러 자신을 쩨쩨하게 돈에 집착하는 사람으로 보이게 할 뿐이니까요.

그런데 이 사회에서 일을 하여 돈을 번다는 것은 자기 자신을 위해서이고, 자기 가족을 위해서이고, '나의 돈, 우리가 살아가는 수단'을 버는 활동이므로 많든 적든 자아를 보강하는 활동이 되지 않을 수가 없습니다. 즉, 노동이란 때때로 자기 농도를 짙게 만들게 마련입니다.

하지만 일에서 여분의 이익이 생겼을 때는 타인에게 '보시'를 하면 경제활동에 집착하게 된 자신을 조금은 풀어줄 수 있습니다. 자기 농도가 옅어지고, 맑아지는 것입니다.

때문에 스님들은 '보시'에 대해 "감사합니다."와 같은 말을 하지 않고 그저 묵묵히 받습니다. '보시'와 '감사합니다'를 교환하는 것이 아니라 '보시' 대신 얻을 수 있는 것은 '자기 농도를 옅게 하는 투명감'이기 때문입니다.

번뇌 리셋
연습장

한국어판 ⓒ 도서출판 잇북 2015

1판 1쇄 인쇄 2015년 6월 8일
1판 1쇄 발행 2015년 6월 12일

지은이 | 코이케 류노스케
옮긴이 | 김대환
펴낸이 | 김대환
펴낸곳 | 도서출판 잇북
편집 | 김랑
디자인 | 한나영
인쇄 | 대덕문화사

주소 | (413-736) 경기도 파주시 문발로 119, 파주출판도시 306호
전화 | 031)948-4284
팩스 | 031)947-4285
이메일 | itbook1@gmail.com
블로그 | http://blog.naver.com/ousama99
등록 | 2008. 2. 26 제406-2008-000012호

ISBN 979-11-85370-04-0 03320